重庆文理学院学术专著出版资助

大数据环境下
数字图书馆创新发展

金 济 朱 晓 著

中国财经出版传媒集团
中国财政经济出版社
北 京

图书在版编目（CIP）数据

大数据环境下数字图书馆创新发展 / 金济，朱晓著.
--北京：中国财政经济出版社，2023.12

ISBN 978-7-5223-2607-8

Ⅰ.①大… Ⅱ.①金… ②朱… Ⅲ.①院校图书馆－数字图书馆－图书馆管理－研究 Ⅳ.①G258.6 ②G250.76

中国国家版本馆CIP数据核字（2023）第236285号

责任编辑：孙 琛　　责任印制：党 辉

封面设计：王 颖　　责任校对：胡永立

大数据环境下数字图书馆创新发展

DASHUJU HUANJINGXIA SHUZI TUSHUGUAN CHUANGXIN FAZHAN

中国财政经济出版社 出版

URL：http：//www. cfeph. cn

E-mail：cfeph@ cfeph. cn

社址：北京市海淀区阜成路甲28号　邮政编码：100142

营销中心电话：010-88191522

天猫网店：中国财政经济出版社旗舰店

网址：https：//zgczjjcbs. tmall. com

北京财经印刷厂印刷　各地新华书店经销

成品尺寸：170mm×240mm　16开　10.25印张　170 000字

2023年12月第1版　2023年12月北京第1次印刷

定价：69.00元

ISBN 978-7-5223-2607-8

（图书出现印装问题，本社负责调换，电话：010-88190548）

本社图书质量投诉电话：010-88190744

打击盗版举报热线：010-88191661　QQ：2242791300

前　言

随着移动互联网的不断发展，如今社会已经进入了大数据时代，在海量数据的包围之下，一方面人们获取与发布信息更加方便、快捷，但从另一方面来讲，由于信息呈现出爆炸式的增长，使得人们在众多的信息中获取自己所需信息变得较为困难，通常会花费一定的时间和精力才能真正获取自己所需的信息。而高校图书馆作为高等院校中一个不可或缺的重要组成部分，其在为师生提供有效信息方面具有十分重要的作用，有义务将有用的信息提供给读者用户。所以在今天这个大数据时代，如何从海量信息中获取有效信息，并将其提供给用户，俨然成为当下高校图书馆信息服务创新发展的方向。基于此，本书将针对大数据时代高校图书馆信息服务进行论述和探讨。

《大数据环境下数字图书馆创新发展》一书立足于“大数据”的时代背景，对数字图书馆的发展进行创新研究。首先，对大数据、数字图书馆的含义进行定位，并阐述大数据时代对数字图书馆所产生的影响。其次，论述在大数据环境下数字图书馆的信息资源建设，全面介绍网络时代数字图书馆的信息化建设。再次，分别从管理、服务、人力资源三个方面介绍数字图书馆的创新发展。最后，从实践出发，论述当前数字图书馆中的新型图书馆建设与发展。

本书创作具有一定的创新点，具体体现在以下三个方面：

（1）框架结构完整。本书包含绪论、理论基础和知识点阐述三个结构框架。绪论部分提出本书的创作背景、研究意义和研究思路和方法；理论基础部分对大数据和数字图书馆的相关知识进行分析；进而对数字图书馆的创新建设知识点进行分章阐述。

（2）内容全面、新颖。涵盖了数字图书馆的信息资源创新建设、管理创新建设、服务创新建设以及人力资源创新建设等重点知识，为在大数据环境下研究数字图书馆发展的读者提供翔实的资料。

（3）理论结合实践。本书在最后一章设置了数字图书馆的实践创新研究，丰富了理论内容，为读者的实践操作提供全面的实践参考。

笔者在撰写本书的过程中，参考了大量的文献资料，在此向各位老师表示由衷感谢，由于撰写时间仓促，书中难免存在疏漏之处，敬请各位读者批评指正。

作　者

2023年7月

目　　录

第一章 绪 论

第一节 数字图书馆研究的背景和意义

当前，在信息高速化、科技快速化发展的时代，网络信息、数字化技术改变了人们传统的管理理念，减轻了人们的工作强度，提升了行业管理档次，提高了企事业单位的办公效率和在市场经济条件下的竞争力。受信息化、数字化时代的影响，我们的图书馆建设自然也不例外。由于网络和数字化技术的引进，给图书馆领域带来了更多的发展机遇，也为图书馆的数字化建设及云服务等方面提供了无限商机。

一、数字图书馆建设的时代背景

21世纪是信息化普遍的时代，数字图书馆的建设具有划时代的意义，信息化社会其必将成为文献获取的数据中心。

随着网络技术的不断传播和电子出版物越来越受欢迎，数字图书馆的概念和建设将被提到重要的议事日程上来，这也使数字图书馆的建设成为城市文化事业发展的重要组成部分。由此可以断定，由网络信息和数字化支持下的数字图书馆将成为以后人们学习新知识、拓宽视野的新途径。

二、数字图书馆建设的意义

中国数字图书馆工程是一个大型高新技术项目，具有跨部门、行业甚至是跨世纪的意义，并能带动相关的文化和信息产业及其他行业的发展。在网络技术日益成熟的今天，将关联各大行业从而影响经济和社会效益的产生。笔者以为，数字图书馆建设的意义主要表现在以下五点：

（1）数字图书馆属于虚拟与现实的结合体，磁盘存储器可以存储大量的数字化信息，并通过电脑进入互联网形成一个信息和数字化系统。就这点而言，数字图书馆相对传统图书馆没有了地域限制，更适合于建设在任何地方。

（2）在数字图书馆储存的海量信息资源中，除了可以上书架的报刊资料外，还可以囊括经过网络化、数字化处理后的信息，如文档、视音频资料和应用软件等。这样就可以满足读者和客户对各种文化知识和信息的需求。

（3）由于数字图书馆是以中文为载体来收藏各种图书资料，这对改变当前网络上中文资源缺乏的状况和提高民族文化的影响力等起到重大作用。同时，笔者认为数字图书馆还是宣传、保护和传承物质、非物质文化遗产的最佳途径。因为，图书管理员可以将所有珍贵的文献资料经过数字化技术处理后，上传到网络空间里，便于广大民族文化爱好者的阅读和欣赏①。

（4）因为读者和客户可以通过数字化系统直接进入图书馆网页，可以随意浏览、查看、下载各种相关知识，因此，数字化图书馆的服务质量完全取决于计算机软件设计的好坏、图书馆管理人员知识和技能的掌握程度以及对读者和客户回馈的速度和质量等。

（5）数字图书馆借网络技术和无限的信息资源，为自己赢得了更多的读者和客户，而传统图书馆因受地理位置和读者对象的限制，只能为少数群体服务。

尽管现在支持云图书馆建设的云计算及云服务还不够成熟，但是其有关技术及工具还处于持续完善的过程中。云服务并非属于绝对的服务，其无法广泛应用于所有业务环节中，仅仅能够被应用于特定的业务。在图书馆领域，应该对云服务相关的技术应用价值及基本特点给予充分了解与认识，在图书馆合理地应用云服务，从而提高图书馆的实际服务水平。要客观、理性地辨认云服务的实际价值与应用特点，从而在充分利用云服务的基础上，获得高效、优质的数字图书馆建设及服务，促进图书馆界乃至全社会的可持续发展。

第二节　数字图书馆研究的内容、思路及方法

一、数字图书馆研究的内容

大数据环境下数字图书馆的建设是时代进步与发展的产物，数字图书馆的创新研究主要集中于认知，以及相对于传统图书来说的进步发展之处，因此，我们

---

① 庞辉.浅谈数字图书馆建设的时代背景和意义［J］.科技风，2014（24）：264.

着重从这两点来分析数字图书馆的研究内容。

（一）数字图书馆的理论认知和应用

随着计算机网络技术的发展，尤其是数字和视频传输技术越来越成熟，人们在阅读过程中需要完成的存储、查询及引用等疑难问题将会迎刃而解。当然，这一切都需要先把数字图书馆建设和发展的问题落实好。我们知道，数字图书馆涉及驱动多媒体海量数字信息组织与互联网应用问题各方面研究的技术领域。换句话说，就是图书馆的一切图文都可以用数字化的方法来体现，包括公共查询以及相关的编目、联机采购；建成后的数字图书馆可以检索各种相关信息，像电子图书、报刊、影像视频以及和多媒体有关的资料等；另外，数字图书馆还可以使用电脑软件来管理图书、报刊的借阅服务。总之，数字化图书馆最大的好处就在于可以利用网络无限大的空间，给读者和客户提供更多、更好的图文信息资料。

在本书的第二章，我们详细阐述了这部分内容，通过对大数据的理论概括，明确了数字图书馆的定义、结构、自动化以及信息服务的相关内容，充分涵盖了数字图书馆的实践操作流程，让读者对数字图书馆有了充分的认知。

（二）数字图书馆与传统图书馆的区别

数字图书馆以电脑和云服务为载体，可以提供给使用者比传统图书馆更快捷、全面、便利的服务，因此，它从源头上改变了人们获取各类资源的方法，这就比传统图书馆具备了更明显以及突出的优势。我们知道，传统图书馆拥有的材料主要是各种纸质文献，而数字图书馆对存储上的影响主要表现在图书馆自身的含义已被拓宽，它不仅能储存磁盘、光盘、扫描件等不同格式的信息，而且还能保存包括图文、书目、音视频等不同的信息类型，这就使其不必受地理空间的影响，收藏的各种信息资料范围也将变得无限大。在传统图书馆中经常用到的一些管理手段，如借阅、修书、整理及盘点书刊等，将会在数字图书馆时代消失或者被替代。此外，数字图书馆还能提醒图书管理员及时处理图书破损、遗失、逾期不还等问题。

与传统图书馆相比，数字图书馆的检索方式似乎更科学和规范化。因为数字图书馆是通过数据库界面的搜索引擎来引导读者和客户寻找或搜索自己想要的信息资源，并能快速地打开和进行阅读、浏览，大大地缩短了读者和客户阅读以外的时间，提高了他们的阅读量和效率。与传统图书馆相比，数字图书馆更能实现资源共享，使各种散乱的图书信息资源集中化，便于读者和客户浏览。由于网络和电脑等先进信息工具的介入，使数字图书馆不再有传统意义上的阅读空间，读者和客户利用计算机网络就可以得到大量的图文信息。在阅读中，他们可以随时保存或下载自己需要的信息资料，满足了他们对各种图书信息资源和科学知识的需求。

这部分内容是本书的研究重点，在第三章至第七章都有详细的阐述，在延续传统图书馆优点的同时，又从数字图书的创新之处，体现出与传统图书馆的不同之处。

二、数字图书馆研究的思路

本书在写作的过程中，遵循“提出问题—解决问题”的研究思路，我们首先分析数字图书馆的现状及存在的问题，进而提出解决方案。

（一）数字图书馆发展的现状与不足

1.建设数字图书馆所需的条件

随着我们已进入数字化时代，数字图书馆的发展也越来越快，然而数字图书馆的建成，还需要具备技术和非技术两方面的条件[①]。从技术上来说，数字图书馆的建设，需要能储存大量的信息，对网速的要求也十分高，并且要有统一的标准规范。而从非技术的方面来说，需具备完善的法规制度、优秀的人员素质和高效的管理体制。而我国随着网络基础建设日渐完善，已有条件发展数字图书馆。

2.我国数字图书馆建设中存在的不足之处

我国在建设数字图书馆方面还有待完善。在认识上，我们不能只看到图书馆建设后的有利之处，盲目地掀起建设数字图书馆的热潮，应冷静地结合我国国情和目前发展状况，制订一个完善的建设计划；在技术上，我们应深入了解数字图书馆建设的技术要求，认清数字图书馆系统构架，解决软件技术和数据库资源建设方面的问题。

---

① 王大可.数字图书馆［M］.深圳：海天出版社，2002：13-15.

（二）数字图书馆发展的解决思路

1. 建设大数据环境下数字图书馆信息资源建设

图书馆信息资源是数字图书馆建设的核心要素之一，我们在本部分的撰写中从数字图书馆的基本理论和特征出发，进而研究数字图书馆信息资源组织的方法及服务模式、信息资源的整合及技术分析、信息资源的共享机制和信息资源的建设模式。全面分析了数字图书馆信息资源的建设及服务过程。

2. 建设大数据环境下数字图书馆的管理系统

数字图书馆管理是保证图书馆运行的核心，没有合理的管理机制和创新完善的管理方法，就不能保证数字图书馆的正常、和谐运行。这部分内容主要集中于数字图书馆的行政管理、资源管理、行业化管理以及图书馆事业的创新、持续发展。

3. 建设大数据环境下数字图书馆的服务系统

数字图书馆的主要职能就是全面服务读者，因此，数字图书馆的服务系统就成为了数字图书馆建设的重中之重。这部分我们集中介绍服务的模式、专业化的服务、增值服务、推拉服务以及图书馆信息化服务的产业优势这几个方面。集中于重点，着重于细节，全面把握数字图书馆的服务系统建设。

4. 建设大数据环境下数字图书馆的人力资源系统

任何机构的正常运行都离不开人力系统的运转，数字图书馆建设亦是如此。因此，在本书的撰写中，我们特别安排了数字图书馆人力资源的创新建设。这部分内容体现了人力资源在数字图书馆建设中的重要性、管理举措、岗位与工作分析以及团队建设等。全面精地体现了“人”在数字图书馆建设中的价值。

本书的创作思路即围绕“如何抓住大数据下数字图书馆建设的创新点”，既有全面理论分析，又有细节重点介绍，采取点面结合的方法阐述本书的主旨观点。

三、数字图书馆研究的方法

（1）文献研究：通过查阅相关文献资料，研究数字图书馆的相关理论及相关研究成果，完善数字图书馆创新建设的基本理论体系。

（2）实地调研：选取具有代表性的数字图书馆，对其业务流程、馆员风貌、信息技术、文化环境等方面进行实地调研，调查数字图书馆开展知识管理的实际情况及分析数字图书馆知识管理的影响因素。

第三节 数字图书馆研究的创新点

一、加强网络资源的开发和利用

知识的更新是随着时代的变化而丰富的，因此，对于数字图书馆的创新管理和创新服务也需要适应读者的需求，这就需要利用网络背景，注意强化服务的质量意识，从而实现数字图书馆的资源共享，这对于扩展服务的范围和刺激服务的需求都具有重要的作用。尤其是通过各个方面的改进，能够利用加大对于数字资源的开发和利用，从而建立具有特色的数据信息。数字图书馆能够为人们提供强大的网络环境和信息承载力，从而为实现图书馆的多种资源和共享信息提供有效保障。这就需要加强网络资源的开发和利用，才能够使更多的读者获取多样的信息，尤其是及时地更新资源。

二、满足读者需求，强化读者的个性化服务

读者的需求强烈与否关系着数字化图书馆的发展和创新，尤其是对于数字图书馆的要求，更多的是利用新的智能信息和用户资源来改变传统的模式，强化读者的个性化服务。在了解和发现用户兴趣的同时，能够经过筛选和分类的形式满足用户的需求，这种利用网络的形式来满足读者需求的方式是值得提倡的。数字图书馆要想满足读者的需求，需要根据读者的爱好和阅览的记录选择合适的服务方式，才能够为信息资源和创新服务提供有效的载体①。

对于数字图书馆而言，需要重点关注的是，清晰了解、充分掌握各种网络服务技术的实质与应用价值并将之有所选择地引入图书馆领域，准确把握信息服务变革的走向和趋势，以期完善信息服务理论体系与实践措施，进一步提升数字图书馆的服务能力。

三、加强网络信息服务水平

数字图书馆要结合自身的发展特点，利用网络的发展情况为读者提供有关图

① 张静博.网络背景下数字图书馆发展与创新研究［J］.河南科技，2015（23）：250–251.

书馆的服务信息，尤其是针对不同的用户通过网络的技术来分析出不同的资源，才能有针对性地为图书馆解决更多的问题提供有效服务。因此，要充分利用网络的交流平台，同时利用新颖的形式，比如，开展一定的书评或者读书竞赛来进行网上图书宣传和导读。每一种新鲜事物的出现，都是人们对于世界的追求和完善，这种更高要求的服务，是随着网络的发展而发展的。因此，在构建数字化的过程中，要结合复杂的数据特征，利用网络的信息存储功能，从而才能够更好地为读者服务。

最后，不同的方法在图书馆优化中采用的方式是有很大差异的，后期收到的效果也不尽相同。在调整图书馆基本服务策略的同时，比如，信息咨询、文献服务等，可以把信息化处理以及服务作为图书馆服务的优势，把服务的范围扩大，为社会机构如政府、企业提供一定的数据分析、数据挖掘服务将会成为大数据时代图书馆的常态服务内容，这才能够更好地为实现数字化的图书馆做准备。

每一种网络的出现都是时代的反映，从而更多的是影响人们的生活方式和学习方式，尤其是针对图书馆的发展，信息资源的需求加速了数字图书馆的发展和服务的水平。作为数字图书馆来说，图书馆的开展状况直接影响着图书馆的发展水平，这就需要通过各种方式来不断完善自身的条件，从而使数字图书馆在网络背景下发挥更大的优势。由于图书馆的服务方式是通过分析和捕捉大量数据得来的，所以，网络环境时代的图书馆服务更具有针对性和鲜明性，服务手段和服务方式等也会随着图书馆服务策略的调整而调整。

第二章　数字图书馆发展的理论概述

随着微信、微博、音频、视频、网站等信息发布渠道呈现多样化的发展，从而信息发布的速度必然会大大提高，同时信息发布也更加便捷。如果把每天产生的数据叠加起来就形成了一个庞大的数据集，这就标志着大数据时代的来临。在这个时代人们不得不花费更多的时间和精力进行数据查询。如何从海量数据中获取所需要的数据便成了当下所要解决的难题。图书馆蕴藏了大量的数据信息，它是人们获取数据的重要场所，因此，将图书馆信息资源用可视化的方式提供给用户便成了图书馆信息服务发展的方向。本章首先阐述了大数据基本理论，然后对图书馆大数据研究现状与意义进行阐述，最后分析了大数据对传统图书馆信息服务的影响。

第一节　大数据理论概述

近年来，互联网发展速度之快和发展程度之深的确让人意想不到，各种新兴的互联网技术也得到了越来越多的应用，比如，微博等社交媒体、云计算和云存储、传感器等。所以，数据变得越来越多，也变得越来越重要，尤其是非结构化数据的出现，让从前传统的数据存储、数据分析技术已经不能应付这些大量的、更新速度快的结构化数据以及非结构化数据，于是，大数据出现了。

一、大数据的概念

（一）大数据的定义

技术创新和数字设备的普及，使大量的数据从各种各样的数据源头通过不同渠道定期产生，海量的数据增长，逐步衍生出一个新概念——大数据。大数据所强调的不仅是数量的巨大，更是从海量的数据中获得有价值的信息和知识的能力。维克托·迈尔·舍恩伯格是深入研究数据科学方面的权威，也是最早洞察大数据时代发展趋势的数据科学家之一，他在《大数据时代》一书中指出：大数据并非一个确切的概念。最初，这个概念是指需要处理的信息量过大，已经超出了常用计算机在处理数据时运行使用的内存量，因此技术人员必须改变处理数据的工具[①]。

从实际来看，现在对大数据的定义呈现多样化。维基百科给出的定义是，所涉及的资料规模巨大到无法透过目前主流软件工具，在合理时间内达到撷取、管理、处理并整理成为帮助企业经营决策目的更积极的资讯。美国咨询公司麦肯锡（McKinsey）在其报告中发布的《大数据：创新、竞争和生产力的下一个前沿领域》的文章中首次提出了大数据的概念，提到大数据是指无法在一定时间内用传统数据库软件工具对其进行抓取、管理和处理的数据集合。“大数据”研究机构Gartner给出了这样的定义：大数据是需要新的处理模式才能具有更强的决策力、洞察发现力和流程优化能力的海量、高增长率和多样化的信息资产。

Gartner列出的“2013年的战略技术趋势名单的前10项”和“未来5年的关键技术趋势名单的前10项”，大数据都是名列前茅。大数据给全球各行各业的各个领域都带来了巨大的影响，各个具有代表性的金融以及互联网巨头都已经注意到了大数据所带来的机遇和挑战。大数据俨然已经成为当今和未来的新型研究领域。

（二）大数据的分类

大数据依据来源不同一般分为四类：科研数据、互联网数据、感知数据和企业数据。

（1）科研数据：科研数据在大数据时代前很久就存在，可能来自生物工程、天文望远镜或粒子对撞机，不一而足。这些数据存在于封闭系统中，使用者都是传统上做高性能计算（HPC）的企业，很多大数据技术脱胎于HPC。早在大数据作为一个新概念出现之前，曾经就有过一个概念：Dala Intensive Scalable Computing（DISC）。

（2）互联网数据：互联网大数据是时代的主流，尤其社交媒体是近年来大数据的主要来源，几乎所有的大数据技术都源于快速发展的国际互联网企业。比

① 楼振飞.能源大数据［M］.上海：上海科学技术出版社，2016：95-96.

如，以搜索著称的百度与谷歌的数据规模都已经达到上千PB的规模级别，而应用广泛影响巨大的脸谱、亚马孙、雅虎、阿里巴巴的数据都突破上百PB。互联网数据增长的驱动力：一是梅特卡夫定律（互联网企业的价值与用户数的平方成正比），二是扎克伯格反复引用的信息分享理论：一个人分享的信息每一到两年翻番。

（3）感知数据：进入移动互联网时代后，移动平台的感知功能和LBS的普及，基于位置的服务和移动平台的感知功能，感知数据逐渐与互联网数据越来越重叠，但感知数据的体量同样惊人，并且总量或许可能不亚于社交媒体。

（4）企业数据：企业数据种类繁杂，企业数据和感知数据本质上也并不是MECE（不重复、不遗漏）的划分，企业同样可以通过物联网收集大量的感知数据，增长极其迅猛，之所以把它们分为两类，是传统上认为企业数据是人产生的，感知数据是物、传感器、标志等机器产生的。企业外部数据则日益吸纳社交媒体数据，内部数据不仅有结构化数据，更多是越来越多的非结构化数据，由早期的电子邮件和文档文本等发展到社交媒体与感知数据，包括多种多样的音频、视频、图片、模拟信号等。

（三）大数据的技术

大数据技术包括大数据科学、大数据工程和大数据应用。大数据工程指通过规划建设大数据并进行运营管理的整个系统；大数据科学指在大数据网络的快速发展和运营过程中寻找规律，验证大数据与社会活动之间的复杂关系。大数据需要有效地处理大量数据，包括大规模并行处理（MPP）数据库、分布式文件系统、数据挖掘电网、云计算平台、分布式数据库、互联网和可扩展的存储系统。当前用于分析大数据的工具主要有开源与商用两个生态圈，开源大数据生态圈主要包括Hadoop HDFS Hadoop Map Reduce，HBase等，商用大数据生态圈包括一体机数据库、数据仓库及数据集市。大量非结构化数据通过关系型数据库处理分析需要大量时间和金钱，由于大型数据集分析需要大量电脑持续高效分配工作。大数据分析常和云计算联系在一起，大数据分析相比传统的数据仓库数据量大、查询分析复杂。

大规模数据分析技术方面源于社交网络，大数据应用使人们的思维不局限于数据处理机器，重要的是新用途和新见解，对大规模信息的处理需求从根本上推动了大数据相关技术的发展，超级计算机的发明、大数据的存储和处理技术以及大数据分析算法的研发最终导致了教育、金融、医疗等多方面大数据广泛应用。

二、大数据技术的应用原理

数据采集、数据分析以及数据解释是大数据三大应用原理，下面将对这三种原理进行详细的论述。

（一）数据采集

大数据具有文本、视频、数字、图像、音频等多种数据结构，所以在进行大数据采集时，首先要进行数据的预处理工作。第一步，抽取数据源信息，并对这些信息进行集成处理，在抽取之前需要清洗数据源，确保数据完整、准确，提高数据的可用性和质量；第二步，进行实体和实体之间关系的分析，主要使用的方法为集合和关联；第三步，将这些数据储存到数据库中。为了更好地处理数据、实现对数据的控制，通常将预处理之后的数据转换为数据模型。当前比较流行的几种数据采集方法包括：一是搜索法；二是数据流法；三是中间法；四是联邦数据库法。

（二）数据分析

数据采集完成之后需要进行数据的分析，对数据中隐含的价值进行挖掘和处理，这是数据处理技术中关键的部分。传统数据分析方法主要是针对单一类型的数据进行分析，而在大数据时代，则需要进行多结构类型的数据处理，需要对传统算法进行改进和调整，传统数据分析方法的改进和调整是当前大数据分析内容的关键。而数据分析的最终目的就是挖掘出数据隐含的价值。另外在进行传统数据分析算法改进时，需要注重算法的时效性以及数据处理的形式，进行数据成批的处理，提高数据处理效率。

（三）数据解释

数据解释技术的应用目的就是要在显示器上显示数据处理的结果。和传统数据解释不同的是，由于大数据具有多种数据结构和数据形式，数据解释较为困难，无法在显示器上进行直接显示，所以要找到一种针对大数据的数据解释方法。

三、大数据的处理流程

在大数据时代下，对于数据的处理产生了变化，即保留全部数据而不是抽样数据，为保证效率可以放弃绝对的精确，相关关系比因果关系更为重要。所以，大数据的处理流程一般来说具有以下四个步骤：

第一，数据的采集和储存。在大数据背景下，事实上不只是用一个数据库，而是很多个数据库同时在接受来自世界上各个角落的数据。那么，在大数据的采集过程中，遇到的最主要的难题就是并发数相当高，比如说12306火车票售票网站或者大家常用的淘宝，通常都是大量的用户同时在访问和操作，在这个过程中会同时产生很多不同的数据，故而还需要足够多的数据库才能存储这些数据，不仅如此，这还需要人们去更好地解决数据库之间的存储分配优化问题，最好让不同的数据库能够比较均衡地存储这些数据。

第二，数据的导入和预处理。如上所说，通过大量的数据库将数据全部都收集起来，但是这些数据当中有很多并不是完整的或者是一致的，如果人们需要利用这些数据，就必然需要事先对这些数据进行预处理。所以，先要把收集来的数据导入至一个大型的分布式数据库之中，在这个导入的过程中，就可以对数据进行简单的清洗或者是变换，这个步骤就是数据的预处理。那么在这个导入和预处理的过程中遇到最大的难题应该还是数据的巨大数量。

第三，数据的统计和分析。数据经过收集、导入和预处理之后，需要对其进行统计和分析，以满足人们利用数据的各种需求。比如，可以对淘宝上各种各样的数据进行简单统计分析，能够得出每个用户的购物偏好，或者最近需要的东西，那么就可以针对每个用户去推送他感兴趣或者适合他的东西。

第四，数据挖掘。数据挖掘是指通过各种算法对之前的数据进行计算，挖掘出数据之间的关联联系，将数据转化为有价值的信息和知识。

总的来说，以上四个方面就是大数据处理的普通流程，而一个完整的大数据处理流程至少包括这四个方面。

第二节　数字图书馆的定义

关于数字图书馆的定义，国内外众说纷纭，这里提供一些有代表性的观点，主要包括国外以研究图书馆协会（ARL）、美国数字图书馆联盟（DLF）和美国数字图书馆问题研究方面的专家为代表的观点，以及国内部分学者为代表的观点。

一、国内外代表性定义

研究图书馆协会是由美国、加拿大的121个主要学术图书馆组成的一个专业协会，以每年公布ARL统计报告闻名。该协会于1995年10月给出了一个要素列举式的数字图书馆定义：

数字图书馆不是一个单一的实体。

数字图书馆需要链接许多信息资源的技术。

多个数字图书馆及信息机构之间的链接对最终用户透明。

全球范围存取数字图书馆与信息服务是一个目标。

数字图书馆的收藏并不局限于文献的数字化替代品，还扩展到不能以印刷形式表示或传播的数字化人造品。

数字图书馆联盟是由美国一些著名大学和重要图书馆联合成立的数字图书馆学术组织，数字图书馆联盟于1998年提出的数字图书馆定义是：数字图书馆是一个拥有专业人员等相关资源的组织，该组织对数字式资源进行挑选、组织、提供智能化存取、解译、传播、保持其完整性和永存性等工作，从而使这些数字式资源能够快速地被特定的用户或群体所利用。

这一定义将数字图书馆规定为一种具有特定功能的组织机构，同时强调了数字式资源是数字图书馆的核心。美国数字图书馆专家认为，数字图书馆是具有服务功能的整理过的信息收藏，其中信息以数字化格式存储并可通过网络存取。该定义的关键在于信息是整理过的。这一定义将数字图书馆界定为一种信息收藏，兼顾了数字式资源和网络服务，并强调了数字图书馆信息管理的简洁性和综合性较好。而国内对于数字图书馆的认识也首先体现在定义问题上。

例如，数字图书馆是以电子格式去存储海量的多媒体信息并能对这些信息资源进行高效的操作，如插入、删除、修改、检索、提供访问接口的信息保护等。这是一个强调技术的数字图书馆定义。

再如，可以给数字图书馆下一个比较宽泛的定义：数字图书馆是社会信息基础结构中信息资源的基本组织形式，这一形式满足分布式面向对象的信息查询需要。其中“分布式”和“面向对象”的含义可以简单地理解为前者指跨图书馆（跨地域）和跨物理形态的查询，后者指不仅要查到线索（在哪个图书馆），还要直接获得要查的东西（对象）。这个定义是说目前的图书馆是社会信息资源的一种主要组织形式，满足了人们借阅书刊等基本信息的需要。这是一个在传统图书馆与数字图书馆相互参照的基础上提出的数字图书馆定义，具有一定的综合性。有关数字图书馆的定义还有①：

数字图书馆是图书馆在线服务系统。

数字图书馆是以数字形式存储和处理信息的图书馆。

数字图书馆是以数字形式提供信息服务的机构或组织。

数字图书馆是指图书馆所有的工作流程都基于计算机，而且馆藏资源都实现了数字化。

数字图书馆就是图书馆馆藏实现数字化管理，并提供上网服务，供读者随时随地查阅。

数字图书馆是指通过多种技术将各种文献数字化，并将其组织起来在网上提供信息服务的信息中心或数据库。

数字图书馆实际就是人们所说的电子图书馆、虚拟图书馆、无墙图书馆，不同的称谓只是人们从不同的角度描述数字图书馆的特征。

数字图书馆是一个数字化系统。它将分散于不同载体、不同地理位置的信息资源以数字化的形式储存，以网络化的方式互相连接，提供即时利用，实现资源共享，其核心是数字化和网络化，其实质则是形成有序的信息空间。

数字图书馆是一个大系统，它拥有分布式的、大规模的和有组织的数据库和知识库，用户或用户团体可对系统内的数据库和知识库进行一致性的访问，从而获得自己所需的最终信息。

数字图书馆能够为国家信息基础设施提供关键性的信息管理技术，同时提供主要的信息源和资源库。换而言之，数字图书馆是国家信息基础设施的核心。

一般而言，数字图书馆是指利用当今先进的数字化技术，通过计算机网络，使人数众多且又处在不同地理位置的用户能够方便地利用图书馆资源。

所谓数字图书馆，就是对有价值的图像、文本、语音、影视、软件和科学数据等多媒体信息进行收集、组织和规范再加工，通过网络提供高速横向跨库连接

---

① 孙莉.浅析大数据时代高校数字图书馆建设［J］.信息记录材料，2019（01）：149–150.

的多媒体信息存取服务，促进社会各类信息高效、经济的传递，从而极大地方便人们的学习、交流和生活。

值得注意的是，数字图书馆与传统图书馆有着不可分割的联系。传统图书馆是数字化时代前人类社会知识文化的信息中心，数字图书馆虽然可以把传统图书馆中各种载体的文献信息内容数字化，但不能替代文献载体本身，也不能提供传统图书馆特有的阅览环境等。数字图书馆不仅要选择性地对已有的文献资源进行数字化，而且要处理新生的数字信息资源并开辟利用图书馆的新渠道、新方式和新技术。因此，没有必要摆脱传统图书馆而去另建新的数字图书馆，传统图书馆是数字图书馆的基础，数字图书馆是传统图书馆的发展，两者相互结合，构成混合图书馆。

二、数字图书馆的特征

笼统地讨论数字图书馆的定义很难全面系统了解数字图书馆，但若抓住数字图书馆的特征，也就掌握了数字图书馆的本质，进而获得更加全面和准确的数字图书馆定义。而数字资源、网络服务和特色技术是数字图书馆最主要的三大特征。

（一）数字资源

数字资源是指图书馆中所有数字形式的信息资源，包括经过数字化转换的文献或本来以数字形式出版的信息。这些数字资源是数字图书馆的“物质”基础，也是数字图书馆有别于传统图书馆的一大特征。数字资源从类型来看，包括期刊、图书、工具书、视频资料、声频资料等；从文件格式来看，包括从位图形式的页面到经SGML编码的特殊文本文件，也有CD-ROM中的信息或本地局域网中的资源等。能同时处理多媒体化的数字资源是数字图书馆在技术上的一个典型特征。虽然数字图书馆的目的是直接提供读者所需的最终信息，而不只是二次文献，但也需要书目数据、索引文摘等二次文献，因此，二次文献也是数字图书馆数字资源的一种类型。

（二）网络服务

高速数字通信网络是数字图书馆得以存在的基础。数字图书馆对内业务组织和对外服务都是通过网络进行，网络是数字图书馆的“生命线”。基于网络运行的数字图书馆只有通过网络才能提供服务，这也是数字图书馆不同于传统图书馆的一大特征。没有网络，就没有数字图书馆；网络中断，数字图书馆的服务也会随之中止。因此，保证网络通畅是数字图书馆运行的关键。测量网络性能的主要指标是带宽，承载多媒体信息的带宽要求最好在Gbps（1000 Mbps）量级以上，也就是通常所说的千兆网或宽带网。网络技术发展很快，当前网络技术支持的带宽正向Tbps（1000 Gbps）量级扩展。

（三）特色技术

数字图书馆除采用通用计算机技术和网络技术外，还有自己的特色技术，这是数字图书馆有别于其他技术领域的特征。现有特色技术包括分布式资源与运行管理技术、海量信息存储与组织技术、多媒体信息标引与检索技术等，建立特色技术的国际标准是数字图书馆建设的重要内容之一。

标准的重要性不言而喻，众所周知，有了全球共同遵循的传输控制协议——网际协议（TCP/IP）协议，才有互联网的今天。数字图书馆技术也需要一套公认的标准，积极参与数字图书馆技术标准的选择和制定对中国发展数字图书馆至关重要。当前，在数字图书馆研究与建设方面，中国拥有与西方发达国家站在同一起跑线上的机会和不相上下的技术水准，这对参与国际数字图书馆技术标准的制定极为有利。

三、基于数字图书馆特征的数字图书馆定义

在明确数字图书馆的数字资源、网络服务和特色技术三大特征基础上，可以将数字图书馆定义为：数字图书馆是同时具备数字资源、网络服务和特色技术三大特征的图书馆。也就是说，拥有数字资源、实行网络服务和具备特色技术的图书馆就是数字图书馆。此外，有必要区分电子图书馆、网上图书馆、虚拟图书馆等几个与数字图书馆相关的概念。许多文章把这些概念当作同义词，但有必要区分其不同的侧重点，这对深入研究数字图书馆有一定意义。

电子图书馆：收藏品多为光盘、磁盘等有形载体，一般通过单一计算机阅读或存取，不强调提供网上信息或网络服务。

网上图书馆：将一定量的信息通过网页组织起来供用户查阅和检索。网上

图书馆可以没有对应的图书馆实体，其内容可以作为数字图书馆的组成部分。虚拟图书馆是网上图书馆的集合，在网上才能存在，不拥有实体性的数字资源，一般通用网络技术就能构造，而不必采用特色技术，可作为数字图书馆的延伸。因此，我们应当注意将传统的图书馆服务搬到网上去并不就是数字图书馆，而将馆藏资源进行大规模数字化后也不一定是数字图书馆。数字图书馆就是要用特色技术将数字资源组织起来并提供网络服务，数字资源、网络服务和特色技术三大特征缺一不可。

在传统图书馆的基础上可以发展出数字图书馆，数字图书馆往往把传统实体图书馆作为后盾，但数字图书馆并不是要取代传统图书馆。定义问题的讨论向来比较学究气，然而数字图书馆研究不可避免会涉及基本概念的定义问题。基本概念是研究和立论的基础，一个新的概念带来一个新学科或新研究领域的诞生；基本概念也是基础理论和研究工作的基石，故讨论数字图书馆的定义是必要和重要的。

第三节　数字图书馆的理论结构

既然数字资源、网络服务和特色技术是数字图书馆的主要特征和理论核心，那么数字图书馆的理论框架可由数字资源、网络服务和支持技术构成。

一、数字资源

数字图书馆中的数字资源有以下两大来源①。

（一）印刷资源的数字化

对于版权已过期的图书、文献、资料，可以采用扫描、光学字符识别（OCR）等处理技术进行数字化，从而形成数字资源的基础部分，这类资源以经典著作和古代文献为主。

（二）原生数字资源

除将已有的文献信息资源数字化外，现在原生数字信息资源已经越来越多，

① 牛世建.高校数字图书馆建设研究［M］.延吉：延边大学出版社，2019：23–25.

尤其是学位论文、技术报告、会议记录等。而且，现在出版业已经实现数字技术处理，图书、期刊的出版都是先有数字化版本，再生成印刷本。因此，作为信息资源主体的传统图书、期刊正在被数字图书、数字期刊所代替，原生数字资源正逐步成为数字资源的主体。

二、网络服务

在数字图书馆数字资源、网络服务和特色技术结构框架下，数字图书馆的网络服务模式可以分成被动服务和主动服务两类。

（一）被动服务

既然社会为建设数字图书馆投入了大量人力、物力和财力，那么不管是否情愿，数字图书馆都责无旁贷要提供服务，这就是被动服务。不过，被动服务也是数字图书馆网络服务的基础方式，其特点是不考虑用户的个别要求，具体实现形式一般是采用无交互网站模式。

无交互网站作为数字图书馆被动服务的主流模式，是一种单向信息传递模式。在这样的模式中，数字图书馆将数字资源以网页形式和数据库形式“放置”在网络上，用户自己“取用”。数字图书馆除在网页上提供使用指南信息外，不再提供附加服务，服务形式对所有用户千篇一律，系统处于主动地位，用户处于被动地位，信息从资源到用户单向流动。显然这是最初级的网络服务模式。改善被动服务的技术方法是通过纯粹的电子邮件或网络表单方式向用户提供附加信息资源或解答用户提问，这是最简单的被动服务改良模式，可以为用户提供便捷经济的通信渠道。

纯粹电子邮件方式只要在数字图书馆主页上设置图书馆员的电子邮箱地址链接就能做到。用户可以通过电子邮件将问题发送给相应的图书馆员，图书馆员再以电子邮件方式将答案发送给用户，构成一种单向延时服务模式。这种方式所要求的技术含量并不很高，所以很容易实现，对于技术条件有限、不能主动服务的数字图书馆来说不失为一种简单易行的改良被动服务方式。

网络表单方式是电子邮件改良被动服务在网络上的再现，它要求用户填写一个网络表单，然后通过后台电子邮件将该表单发送给图书馆员，图书馆员在规定的时间内，用电子邮件或电话答复用户，这是被动服务向主动服务转化的一种中间模式。

（二）主动服务

主动服务是数字图书馆网络服务的高级方式，其特点是考虑用户的个别要求，具体实现形式一般是通过交互式网站形式。交互式网站形式具体可分为双向交互问答模式和个性化信息推送模式，其中My Library（数字图书馆的个性化服务）技术正在成为主流。

1.双向交互问答模式

在双向交互问答模式中，数字图书馆可以根据用户的请求组织资源，服务形式根据用户需求变化，系统和用户处于同等地位，信息在系统和用户之间双向交流。该模式在技术上可以通过Chat（网上聊天室）形式实现。

Chat形式即在线聊天形式，是一种实时交互式服务，起源于1999年美国宾夕法尼亚大学商学院采用聊天软件Live Person提供实时信息咨询。该软件类似可定制的私密聊天室，可装载于图书馆或第三方服务器上，并在图书馆主页上设置进入链接点。

2.个性化信息推送模式

在个性化信息推送模式中，用户可以根据自己的需求和爱好自行设计数字图书馆界面并定制数字图书馆资源，用户处于主动地位，数字图书馆系统居于从属地位，数字图书馆只是在技术上按照用户的个性化需求定制并主动推送信息。实现个性化信息推送模式的现有途径是My Library技术。利用该技术用户可以设计个性化的数字图书馆，产生适合自己需要的熟悉界面；数字图书馆则根据用户定制去组织并推送数字资源，将用户选定的专题资源定期主动提供给相应用户，真正实现了资源、技术与服务的密切结合和良好配置。因此，My Library技术是目前实现个性化信息推送模式的主流技术。

从单向信息传递模式到个性化信息推送模式，一方面体现了技术的进步，另一方面也越来越多地将控制权和主动权交给了用户，用户的技术水平和应用水平越高，使用效果就越好。同时，资源管理方也应重视对数字资源的整合和操作方法的优化，使数字图书馆的网络服务具有保障。

三、支持技术

无论是数字资源，还是网络服务，都需要技术支持。数字图书馆涉及的技术包括通用信息技术和专用创新技术，即特色技术。

（一）通用信息技术

建设数字图书馆所需的通用信息技术主要是计算机技术、网络技术和信息安全技术。当前，计算机技术、网络技术和信息安全技术都在高速动态发展之中，每个技术突破都可能变革数字图书馆技术。

（二）专用创新技术——特色技术

建设数字图书馆所需的专用创新技术涉及数字信息处理与加工技术、海量信息存储与组织技术、分布式资源与运行管理技术、多媒体信息标引与检索技术、信息挖掘技术、个性化信息定制与发布技术、信息可视化与读者界面技术、信息安全技术、数字权益管理技术等，其中数字信息处理与加工技术、海量信息存储与组织技术、多媒体信息标引与检索技术、分布式资源与运行管理技术、个性化信息定制与发布技术等对数字图书馆都非常重要。技术不仅是数字图书馆的重要支柱，而且是联系资源与服务的“纽带”。在数字图书馆的资源处理和网络服务各方面都不能缺少技术支持。

第四节　数字图书馆与图书馆自动化的关系

数字图书馆理论涉及的另一个问题是数字图书馆与图书馆自动化的关系。对此，有学者提出图书馆自动化系统发展的“三阶段说”①，认为图书馆自动化系统发展的第一阶段是以单一图书馆计算机管理系统为标志的初级阶段；第二阶段是以网络化为标志的电子文献服务阶段；第三阶段是以数字图书馆为标志的高级阶段。数字图书馆的研究和发展将形成数字图书馆的三种主流模式：特种馆藏型模式、服务主导型模式和商用文献型模式。其中服务主导型数字图书馆的体系结构以三种主要数字资源（即图书馆本身的数字化特种馆藏，商用的网上联机电子出版物或数据库，在互联网上有用的文献信息资源）为基础，由统一信息访问平台、网上参考咨询平台为两翼组成。统一信息访问平台主要解决异构平台的信息

① 郭山.大数据背景下数字图书馆建设面临的问题及解决［J］.环球市场，2020（01）：210.

资源检索，向用户提供方便检索的统一界面，提供不同数字图书馆的互操作；网上参考咨询平台主要解决用户在访问数字图书馆时的疑问。这两个平台对一个实用的数字图书馆来说是不可缺少的，在系统结构上有些是相互渗透的。

回顾图书馆自动化的发展历程，可以发现，图书馆自动化一直强调目录、索引等书目信息，以及检索工具编制和使用的计算机化，并不强调图书馆馆藏图书、期刊及其他类型文献本身的存储、管理、检索和使用的计算机化。书目工具是帮助确定馆藏的，既然书目工具已经实现计算机化了，那么，按照图书馆自动化发展阶段的逻辑顺序，下一步就应当是馆藏存储和检索的计算机化，即数字化，而这正是数字图书馆的一个重要特点。从这个意义上说，数字图书馆是图书馆自动化的高级阶段。

我们认为，数字图书馆与图书馆自动化系统的总体关系是：图书馆自动化是数字图书馆的基础之一，数字图书馆中的数字化书目信息就来源于图书馆自动化系统，尽管图书馆自动化系统在资源和技术上对当今数字图书馆体系贡献不多，但实现图书馆自动化是建设数字图书馆的必经阶段。图书馆自动化是在传统图书馆理论框架下应用计算机技术来改善图书馆的服务与管理，而数字图书馆却是在理论与技术上超越传统图书馆的新发展，其意义和影响将更加深远。

总之，数字图书馆的出现和发展动力并不完全是源自图书馆自身，而更多的是信息化社会不断发展和推动的结果。图书馆学界应该利用数字图书馆的发展契机加快图书馆事业的发展步伐。尽管对于数字图书馆的认识还很不一致，但数字化对图书馆的深刻影响却是事实，数字图书馆是图书馆发展的一种必然趋势，必将成为新时代图书馆事业发展的主旋律之一。因此，建立在数字资源基础之上、靠技术支持运行、通过网络提供服务的数字图书馆将具有丰富的研究内容和广阔的发展前景。

第五节　大数据对传统图书馆信息服务的影响

图书馆信息服务和互联网技术的迅速发展是密不可分的，图书馆一直是人类智慧和精神财富的象征。图书馆改变了人们的信息方式，加快了人们的信息脚步，提供了丰富多彩的信息内容，是人们交流和获取信息的“天堂”。计算机技术、通信技术、网络技术和存储技术等各种技术不断发展，它们带来了更多的数字化信息，人们已经被数字化信息所包围。如何从海量信息中获取更多、更好、更及时、更准确的信息已经成为图书馆所关注的问题，本章主要对大数据对传统图书馆信息服务的影响进行阐述。

一、传统图书馆信息服务

（一）传统图书馆的概念与意义

1.传统图书馆的概念

传统意义上的图书馆应该具备一定的形态，“形”指的是图书馆应该具备六个元素，即“图书、工作人员、读者、图书馆管理人员、建筑物与设施、工作形式”，“态”指的是国际图联曾经总结的图书馆应该具备的四个职能，即“保留人类的文化遗产，支持社会教育，传播科学知识，激发创新思想”。简单理解传统的图书馆就是收集、整理、保存、传播文化资料的组织，为读者提供学习及研究的参考资料，也就是在城市当中存在的收藏丰富书籍、有固定的建筑形态、由工作人员进行管理的为人们提供参考书籍资料的服务机构。传统图书馆具有固定的外在形态、空间存在限制性、实行人工管理、服务方式单一、服务范围具有局限性。

2.传统图书馆的意义

有学者认为，传统图书馆无论是作为行业还是作为物理馆舍将彻底消亡，而且这种消亡会很快成为现实。传统图书馆的职能必须紧随现代科学技术的发展和人们生活习惯的变化而改变，某些职能可能会消亡或被代替。图书馆的物理馆舍不再需要提供过去那样的空间，但其存在是有意义的，并且应该是长期的。

有学者说，建筑是一种带有强迫性的艺术，它不同于其他艺术品只在固定的场所、固定的时间让人视觉可达。只要有人的地方就有建筑的存在，人们在日常生活中不可避免地要接触到建筑，任何一个建成的建筑都会带有强迫性，强迫使用它的人去接受这个建筑。图书馆通常都是由专业的建筑师根据图书馆的功能进行设计的，好的图书馆在设计之初，就会考虑使用者的心理感受。

心理学家考夫卡指出，假使有一种经验的现象，它的每一成分都牵连其他成分，而每一成分之所以有特性，即因为它和其他成分具有关系。行为产生于行为环境，受行为环境的调节，心理学的任务就是研究行为与心理物理场的因果关系。图书馆建筑空间正是这里所谓的行为环境和物理场，是人们心理感觉的背景。人们对事物的感觉是通过刺激产生的，是感官对客观事物的反映；建筑空间对人的主要刺激来自视觉。人们对建筑的认识首先是从建筑的形态特征和空间特性等方面得到感性认识，在感觉的基础上进而对建筑空间形成个人的知觉。知觉过程是一种主动的感知活动，是将自我经验及欲望结合在一起的心理活动。正如通常人们习惯2.4—3.3m的室内空间，如果突然遇到2.1m高度的室内空间，即使正常人身高达不到这个高度，人们也会下意识地低头，这是一种对空间认知经验导致的心理反应。一个整体布局设计合理的图书馆空间，通过采光、照明、噪声控制、书架、阅览椅安排、颜色搭配而营造出的环境，让人们走进这个空间就会感到这是一个不同于教室、食堂、宿舍的空间，在这里自然而然地能够产生读书的欲望[①]。一项对在校大学生的调查表明，选择去图书馆看书最主要的因素包括：图书馆图书多，可满足需要；图书馆有良好的阅读环境，能让人静心读书。第一个因素，随着在线图书馆、移动图书馆的推出，如果仅是要获得阅览资源，图书馆已不是必去的场所。第二个因素，确实是其他场所难以替代的。在很多学校，只有图书馆能提供安静的环境，舒适的座位。置身于书的“海洋”里，读者更容易被气氛所感染。近年来新建的图书馆馆内空间较大，如果不考虑节能因素，高大的空间可以避免让人产生压抑感。在大学里，将图书馆营造成校园内最整洁、舒适、有一定气度的空间，对读书人的心理会产生有益的影响。

（二）传统图书馆信息服务的概念与特点

1.传统图书馆信息服务的基本概念

图书馆信息服务的概念就是依据用户的相关信息需求，通过特定的方式以特定的信息形式和内容来满足用户的相关信息需求的服务行为过程。信息服务是图书馆发展的根本所在，图书馆应该在竞争激烈的环境下提高信息服务能力，转变服务理念和意识，为迎接大数据时代做好信息服务的准备。图书馆信息服务所追求的目标就是用户的高满意度，在满足信息用户需求的同时又体现了图书馆及

① 高兴辉.基于大数据背景下对高校数字图书馆建设的研究［J］.科幻画报，2019（02）：229-230.

工作人员的价值。这是每一个图书馆工作人员所要追求的目标，更好的信息服务才能满足当今人们的信息需求。因此，信息服务在图书馆发展中已经成为重要角色。

2.传统图书馆信息服务的特点

图书馆信息服务除了具有一般信息服务的特点外，它还有自己的一些特性。首先，图书馆信息服务具有一定的知识性，图书馆是人类精神文明和知识积累的产物，它的发展依赖于人类知识的创新。图书馆也是信息收集、选择、加工、传播和应用的场所，它可以促进显性知识和隐性知识相互转化，使知识被人们充分利用。其次，是图书馆信息服务具有依赖从属性，由于图书馆信息服务是一种社会现象，是人们社会实践和科学技术发展的结晶，因此，图书馆信息服务的形式和内容都会随着社会信息需求的变化而变化，并且依赖其发展。再者是图书馆信息服务具有一定的开放性，由于信息是开放的，因此，图书馆信息服务的本身也是具有开放性的。在网络时代，图书馆信息服务的宗旨就是将信息资源进行共享。另外图书馆信息服务的用户也是开放的，只要你有信息需求，图书馆信息服务都能满足你。最后，图书馆信息服务具有一定的连续性，人们认识客观事物都是具有客观规律性的，是一个循序渐进的过程，因此，图书馆信息服务也是持续不断地给用户提供知识和信息服务。

（三）传统图书馆信息服务的现状

1.图书资料借阅服务

传统的图书馆信息服务范围是图书出借及阅览，而对读者并没有针对性的服务。在电子信息技术应用越来越广泛的今天，图书馆也建立了互联网网站，官网上会提供多种图书服务，例如，电子阅览室、音频视频信息服务、资料查询服务等，除此之外还开通了互联网借阅服务，读者可以通过网络借阅自己想要的图书，极大地方便了读者。图书馆在建立自己的官网后，不论是服务质量还是服务效率都有了巨大提升，读者足不出户就可以查询到借阅图书的相关信息，如借阅图书的时间、图书借阅数量、应归还日期、续期服务等。以上就是对目前我国图书馆借阅服务情况的简要阐述。

2.网络信息资源检索服务

网络资源检索服务指的是读者在网络上对所需要的图书资源进行搜索查找，

读者查找图书资源一般会采用三种途径：数据库搜索服务、信息推广服务、图书查询系统。数据库搜索服务包含两种形式，即自建数据库及在线数据库；信息推广服务指的是利用网络推广技术，定期或不定期地向读者推送图书信息，例如，网络地图服务会向用户推送周边饮食和游览区一样；图书查询系统是通过互联网组建图书系统，在该系统内实现图书的搜索和借阅，读者从中可以获得多样化的信息选择。互联网信息检索服务也在坚持不懈地努力，当前应用最为广泛的是数据库搜索服务及信息推广服务，在互联网发展背景下，两者结合才能充分发挥各自的优点，获得1加1大于2的效果。以上就是对网络信息资源检索服务现状的简要介绍。

3.网络咨询参考服务

一直以来，图书馆都会为读者提供咨询服务，传统的咨询服务能够直接解决读者的问题，读者通过咨询能够获得比较满意的答案，但是传统服务方式却受到地域和时间的限制，双方必须是在固定的场合、固定的时间内完成咨询，而读者却想要获得随时随地的咨询服务。互联网的广泛应用弥补了这一缺点，读者通过网络提出自己的建议或问题，电子邮件、在线聊天等都是非常方便的交流方式。自从互联网咨询服务诞生以来，读者的咨询服务不会受到时间和空间的限制。信息技术的发展与应用是网络咨询服务得以快速发展的基础。图书馆咨询服务以网络信息技术为依托，相信在未来将会越来越完善。以上就是对互联网咨询服务发展现状的简要介绍。

（四）传统图书馆信息服务模式的转变

1.由被动型服务模式向主动型服务模式的转变

被动式信息服务流程主要是图书管理员将图书馆所收集到的信息资源进行加工整理，形成新的信息产品，最后将信息产品提供给需要的用户。图书馆被动的信息服务模式是以图书馆管理员为中心的信息服务，这种信息服务模式的弊端主要体现在将图书管理员作为信息服务的中心，忽略了用户真正的信息需求，用户对信息的获取完全来自图书馆管理员，也只能被动地接受他们提供的信息服务，无法获取自己想得到的信息。

所谓主动式信息服务就是图书馆主动地满足用户的信息需求，以用户为中心来提供信息服务。它的特点之一就是主动地为用户提供个性化的信息服务。用户对信息服务的满意度取决于是否能够准确及时地获取到自己想要的信息。在大数据时代，图书馆采用主动式信息服务模式，因为被动服务模式已经不再受欢迎，采用主动式信息服务模式可以提高用户的满意度和吸引更多的用户来到图书馆。

2. 由封闭型服务模式向开放型服务模式的转变

传统图书馆的服务模式相对都是封闭型的，因为图书馆工作重点是保管图书资料，向用户提供的服务也是封闭静止的。图书馆的信息服务还停留在借书和还书上，没有意识到要改变这种服务现状。在信息时代社会，封闭型服务模式已经不能适应社会的发展了，想要改变这种现状就得改变旧观念，提出新的信息管理方式，抛弃封闭型服务模式建立开放型服务模式。让学生成为图书馆的主人，让他们自由查阅资料、选取图书，对图书阅读充满积极性。此外，图书馆还应该充分利用自己的资源优势最大限度地对学生进行开发。

3. 由内向型服务模式向外向型服务模式的转变

目前，图书馆拥有丰富的文献资源，这是信息服务的一种优势，但是大部分的图书馆将这种优势给埋没了，变成消极的一面。这么丰富的资源一般只为教学科研服务，却不能为大众服务实在是浪费，这种就属于内向型服务模式。为了更好地进行资源利用，图书馆应该在保证服务好校内的情况下，面向社会实行开放式办馆，为更多人服务。这就是将图书馆信息服务从内向型服务模式到外向型服务模式的转变，目前已经有许多大学完成了这一完美的转变，例如，首都图书馆、北京图书馆、广州图书馆、上海图书馆、成都图书馆等，都允许社会人员入馆，去查阅自己想要了解的信息，如此看来，他们是图书馆界的领军代表，代表了大多数的意愿，可以满足大多数人的需求。

4. 由柜台式服务模式向自助式服务模式的转变

随着信息技术的日趋成熟，信息资源慢慢地也由印刷型向数字化转变。受计算机技术、网络技术、多媒体技术和高存储技术的影响，图书馆的信息含有量、信息传播速度和信息处理能力都有了很大的提高。互联网技术的发展使用户可以随时随地地访问图书馆，使用户不再受到时间和地点的限制。许多高校为了适应大数据时代的发展，引进了新的图书借阅管理系统，通过扫描身份证就可以在自助服务机上借阅图书，比在柜台借书方便了许多，通过这个系统同学们可以随时随地查询图书借阅动态，充分体现了信息服务的时效性。

二、大数据时代对传统图书馆信息服务的影响

（一）对图书馆信息服务环境的影响

在大数据快速发展的环境里，传统落后的图书馆信息服务设施不适用于大数据技术的要求。由于大数据的发展，现在传统图书馆的服务设施受到当前很多数据技术的影响。图书馆普通的文献书籍的信息通过数据库就能快速查询，可是对于复杂的数据信息，数据库还是无能为力。图书馆需要引进先进的数据管理技术才能满足大数据处理的要求。下面是较为常见的数据处理工具：Reduce是现在最受欢迎的数据处理工具，深得研究人员的青睐；Hadoop，因为其开源性和简便性的特点，是数据处理时第一时间考虑的处理工具；Not Only SQL数据库存储技术，因为其可以存储多种模式的数据，存储数据时比较灵活。凭借这些技术作为大数据处理的前期支持，能够更好地发挥大数据的优势。此外，图书馆的管理人员也需要与时俱进，不断进行新技术的学习，不断提高自己对数据库的应用能力，才能满足时代的需要。新时代也对图书馆管理人员提出了更高的要求：及时了解大众的偏好，提高服务质量与效率，更好地满足用户的需要。

（二）对图书馆信息咨询服务的影响

图书馆信息分为三种类型：结构化数据、半结构化数据、非结构化数据。第一种类型是指图书馆的电子信息资源；第二种类型是指图书馆存储的用户借阅数据；第三种类型是指用户通过互联网进行阅读时发生的视频及语音记录。由于现在社会智能手机较为普及，用户可以在手机或电脑终端查询自己的借阅信息及个人信息等，用户通过自助终端进行阅览的数据都能被图书馆信息管理系统采集，图书馆通过大数据的应用将这些用户的数据进行科学管理。但是，由于用户数据的指数型增加，给图书馆数据管理带来了很大的困难。

1.数据存储

由于文件、图片、音频、视频等数据的不断增长，造成了知识库严重超载，因此，对信息资源的有效管理便成为大数据时代主要解决的问题，对大数据的管理还存在许多问题，首先，目前的信息咨询服务存储很难解决大数据的性能共享问题，原因是大数据结构太复杂，其中包含了结构化数据、半结构化数据和非结

构化数据三种数据类型，想要对这些数据进行存储和共享都非常困难。其次，由于数据量的急剧增大，网络传输性能同样也会受到影响，采取怎样的措施来对文件进行管理和保护都是需要解决的问题。网络是一个开放的环境，信息安全随时都受到威胁，信息污染盗窃经常发生，因此，对信息资源的保护是完成信息资源服务的基础。最后，长期积累下来的数据难免会存在很多重复的文件，它们所占的存储空间就造成了资源的浪费。因此，大数据时代首先要解决的就是数据存储问题。

2.数据处理

由于云计算的应用，一些图书馆信息数据的存储空间不足的问题得到了较好的解决。可是大数据时代已经到来，要求有更高水平的信息存储与数据处理能力，以前的技术显然已经满足不了大数据时代的需求。由于大数据面对的是复杂的海量数据，不但数据种类杂乱，数据结构也复杂，传统的信息处理系统已不能对其进行完美的处理，当前的解决方法就是升级信息咨询技术。现行的大数据处理技术有Hadoop技术、Map Reduce、NO-SQL、云计算等，这些大数据处理技术都是在当前特殊情况下为了满足需要才被开发出来的。所以图书馆可以引进这种技术进行数据处理，以达到良好的图书馆信息服务效果。

3.信息安全

大数据本身就是数据，只要是数据就存在一定的安全问题。如今网络的开放、各种信息资源的共享，都可能存在信息安全问题，例如，图书管理员、用户、都存在知识的共享与交互，他们在进行知识共享和交互的时候没有注意网络环境是否安全，这样容易造成信息的泄露，对个人信息安全造成威胁。社会各行各业都有自己的知识产权、个人隐私，因此，在信息咨询服务中都存在信息安全问题。现在的数据信息安全和过去的信息安全问题有很大的区别，人们既想得到数据的开放，又想更大限度地保护自己的隐私，这就必须让两者在大数据时代下相互保护和平衡、共同发展。

综上所述，图书馆为了适应大数据发展，对图书馆信息资源应该有一个调整，通过建立更加完善的大数据架构来保障信息咨询服务的方便性和安全性，从而可以为信息咨询服务打下坚实的基础。大数据框架包含信息采集、存储、处理和应用四个方面，对数据进行分层处理，大数据的处理能够更好地解决信息咨询服务中的数据存储、数据处理和信息安全问题。

（三）对图书馆信息服务模式的影响

1. 建立交互式共享平台

因为现在社交网站深受广大民众的喜爱，于是图书馆也开通了网络互动功能，通过交互平台能加强用户与图书馆的联系，还能增加图书馆的吸引力。图书馆以贴吧和论坛等作为交互平台，在这里用户能够畅所欲言。通过这些互动平台，图书馆可以不断提高自己的服务能力，通过参考用户的反馈建议，搜集有价值的数据信息。图书馆还能将互动平台的资源进行整合，用户能够通过搜索功能快速搜索自己所需的资料并进行下载，还能将自己的研究成果上传到平台上分享给其他用户，这样的交流平台能够为科研人员带来帮助，为学术研究提供参考，并扩充图书馆的信息资源①。显然，客户上传资料的真实性不能保证，所以数据的筛选与考察是必不可少的一步，这样才能清除虚假信息，保留真实有效的信息资源，这将是图书馆未来的发展趋势。

2. 信息资源组织的转变

所谓信息组织是指信息工作人员采用信息技术对数据进行采集、加工、存储和分析应用，形成一个可利用的系统的过程。由于大数据的数据结构复杂、种类繁多，其中包括结构化数据、半结构化数据和非结构化数据，对这些数据进行处理存在一定的难度，传统的数据处理方式无法满足大数据时代的要求，只能采取更加个性化的方式来处理这些数据。

3. 对图书馆信息服务方式的影响

由于互联网技术的快速发展，传统的信息服务方式已不再适应当前的需求环境，图书馆应从进行新业务的拓展来提高自身的信息服务能力。第一，图书馆应搜集大量的包括图片、音频、视频等数据信息，经过恰当的加工扩充图书馆的信息资源。第二，图书馆选择互联网上的一些有价值的信息进行处理，以丰富自己的服务业务。第三，图书馆应利用互联网为用户提供一些不一样的服务，现在最流行的是定位服务，就像微信上的定位服务一样，开启定位就能确定位置并为用户推荐周边的各种服务项目，能给人们的出行提供很大的便利，这也是大数据发展的产物。用户终端还会向用户发送一些实时信息，能够让用户实时了解图书馆的最新动态，并为信息的后续查询提供便利。

---

① 张凯丽．大数据背景下数字图书馆建设面临的问题及解决分析［J］．今古文创，2020（07）：48–49.

第三章　大数据环境下数字图书馆信息资源建设

第一节　数字图书馆信息资源建设

数字图书馆是当前学术界研究的热点问题，也是传统图书馆未来发展的主导方向和重要趋势。数字图书馆信息资源建设改变了传统图书馆信息搜集、加工、存储、检索、处理、再生和利用的方式，它依托计算机设备和互联网环境在全球范围内实现了信息传播与信息共享。在互联网事业日益发展和壮大的今天，数字图书馆信息检索已经成为人们查检信息的重要手段和方式。如何有效地进行数字图书馆的建设，尤其是数字图书馆信息资源的建设，以满足人们日益增长的各层次、各种类信息需求，已经成为摆在我们每一位图书情报工作者和有志于数字图书馆事业的人士面前紧迫而艰巨的任务。

一、数字图书馆信息资源的构成

数字图书馆提供文本、图像、声音、动画、视频等多媒体信息资源。信息资源的构成多样，依评判角度不同而各异。第一，从信息资源的存储方式来说，数字图书馆有现实资源和虚拟资源。现实资源是指存储于本地服务器的本馆的数字化信息资源；虚拟资源是指存储于异地服务器的网络信息资源。第二，从信息资源的获取形式来说，数字图书馆主要有自建式资源、购买式资源、捐赠式资源、试用式资源和网络免费共享资源。自建式资源主要包括本馆数字化的纸质文献资源和本馆自主研发的数据库；购买式资源主要是从数据库生产商处购买的各种综合性的或专科性的数据库以及从出版商、发行商处购买的电子资源；捐赠式资源主要是接受社会各类组织、企业和个人赠阅的电子版文献；试用式资源主要是指各类开发商提供的免费限时试用的资源；网络免费共享资源主要包括网络上各种各样的无须付费的信息资源。第三，从信息资源的内容形式来说，数字图书馆信息资源有电子图书、电子期刊、电子报纸、数据库以及其他形式的数字化资源

（如馆内通报、最新动态、在线问答、阅读软件、资源链接、网站导航等）。

二、数字图书馆信息资源的特点

（一）存储的数字化

数字图书馆信息资源抛开了传统的纸质存储方式，以数字化的形式存储在磁盘、光盘，特别是网络服务器硬盘上，大大减少了信息资源的物理存储空间，增加了信息资源的种类和数量。

（二）管理的自动化

数字图书馆在信息搜集、分类、标引、加工（书目、索引文摘的编制）、存储、检索和利用等过程都采用计算机进行，极大地提高了数字图书馆信息资源管理的效率。离开了计算机，数字图书馆信息资源建设和管理将无从谈起。

（三）传播的网络化

数字图书馆依托网络环境运行，数字图书馆对内信息组织和对外信息服务都通过计算机网络进行。数字图书馆用户借助网络工作站远程登录数字图书馆服务器，检索和利用自己所需要的信息资源。网络化使数字图书馆的用户全球化，提高了数字图书馆信息资源的利用率。

（四）应用的多媒体化

多媒体表现形式是数字图书馆信息资源的又一大特点。数字图书馆用户不仅可以得到文本信息资源，还可以得到图形、图像、动画、声音、视频等多媒体形式的信息资源，使信息资源更加生动形象，更易于理解和记忆。

三、数字图书馆信息资源建设的途径

（一）自建和研发数字资源

自建和研发数字资源主要包括自有馆藏文献资源的数字化、书目数据库和特色数据库的建立。在对馆藏文献资源进行数字化前，我们应当确定要数字化的馆藏文献的范围，因为受人力、财力、物力的局限，我们不可能也没有必要对所有的纸质文献数字化，那些内统馆藏的揭示，其作用是促进对传统馆藏的利用和共享。目前许多数字图书馆建有中文图书、中文期刊书目数据库，有些建有外文书目数据库。书目数据库的建设主要有自建、购买标准书目数据库套录、套录与自建结合三种方式，其中自建书目数据库因具有灵活、简便、易操作的特点，已经成为书目数据库建设的主要形式，其缺点是著录格式不够准确、著录数据不够完整、书目质量不易控制。特色数据库是根据馆藏数据库、地方特色文献、结合本单位行业或学科特点而搜集相关资料建立起来的数据库，如各地方的地方志类数据库，各院校自己的博士、硕士论文数据库等都属于特色数据库。特色数据库应以用户实际或潜在需求为导向，走产业化和市场化发展的道路。

（二）试用和购买商业数据库

数字图书馆在购买商业数据库之前一般都有一段免费试用的时期，这主要是为了检验此类数据库的质量和利用率，也给数字图书馆的决策者们提供了一个在购买前区别与选择数据库的机会。众多国内外综合性的或专科性的数据库的试用给广大数字图书馆用户带来了极大的便利，活跃了学术氛围，促进了学术发展。在试用期过后，数字图书馆将决定是否购买商业数据库的所有权或使用权。购买数据库的所有权是数字图书馆实体馆藏资源建设最主要的方式，国内的数据库生产商一般会出售数据库的所有权，而国外数据库生产商一般只提供数据库的使用权，即只提供数据库的网络专用使用通道。这些数据库生产商提供各种类型的数据库，如CNKI、VIP、ASP、AAPT、AIP、Elsevier Science提供全文数据库；万方主要提供事实型数据库（如万方中国科技成果数据库）；CALIS高校学位论文数据库，BIOSIS Pre-view（BP），CA，Cambridge Scientific Abstracts（CSA），INSPEC提供题录/文摘型数据库；CALIS外文期刊目次数据库（CCC）提供目录型数据库。数字图书馆应根据自身的经济条件和用户的实际需要来选择和购买各种类型的数据库[①]。

（三）开发和利用网络信息资源

互联网上具有海量的信息资源，这些信息资源种类各异、组织杂乱无序、质

① 万伦宇.信息化背景下现代科技对高校图书馆数字资源建设的影响研究［J］.轻合金加工技术，2020（09）：77-77.

量参差不齐，这就要求数字图书馆信息资源建设者们利用科学的、系统的、辩证的和历史的观点与方法去搜集、鉴别、选择和下载有使用价值的、相对稳定的、权威性的、引用率和链接度高的网络信息资源，经过分析、加工、整理、存储、再生等一系列工作，形成原始文献、书目、索引、文摘、综述、述评等种类齐全、层次分明的信息资源，用以建设数字图书馆的虚拟馆藏。另外，数字图书馆信息资源建设者应当利用检索到的网络信息资源及其URL地址，建立网络信息资源导航系统，用以推介相关站点，建设专业信息指南系统和指引库。

第二节　数字图书馆信息资源组织方法及服务模式

20世纪90年代以来，随着计算机技术、网络技术和远程通信技术以及存储技术、多媒体技术的高速发展，特别是互联网在全世界的迅速普及和应用，迅速改变了世界范围内的信息环境。作为信息资源存储和交流的重要“基地”的图书馆，也不失时机地利用计算机对馆藏原始文献实行数字化管理，把原先用纸张形式存储的信息转换为用电子计算机中的电磁信号存储的信息。在这样一个数字化的信息系统中，将分散于不同载体、不同地理位置的信息资源以数字方式储存，以网络方式相互连接提供使用，实现资源共享，使数字图书馆已初具规模。

一、数字图书馆的信息资源组成

（1）图书馆特色馆藏的数字化资源。各图书馆根据自身的专业特色、地域特色、技术力量、经费条件自建的数字化资源及图书馆数字化的书目数据库，如学位论文数据库、教学参考书数据库和地方名人数据库等。这种信息资源对用户是最直接和最实际的，便于用户进行进一步的编辑处理，形成用户自身的知识创新特色数据库。

（2）商用的网络联机电子数据库。它是一些文献服务公司、出版社、代理商等建立的一种商用文献型的数字图书馆，提供全文的期刊和电子图书等，如方正Apabi电子图书、清华同方学术期刊全文数据库等。这种信息资源将各种数据集成在一起，使用户通过ID认证，即可访问获取所需文献的线索或全文，或通过检索文摘索引数据库，将检索结果直接与全文数据库链接，以获取所需的期刊、学位论文、图书等全文，还可通过检索引文数据库或浏览全文，将用户感兴趣的引文与全文相连，使用户方便地获得所需的文献资源。

（3）互联网上有用的文献信息资源。互联网上信息资源虽然庞杂无序，呈现出动态性、分布性和多元性等特点，而且信息内容特征抽取复杂，数据正确性、可靠性缺乏保障，但有用的文献信息资源还是越来越多，并且相当一部分可以免费使用。

二、数字图书馆的服务模式

数字图书馆从根本上改变了用户获取和利用信息的方式，同时也促使了用户信息需求的变化。因此，数字图书馆要体现“以人为本”的主导思想，以用户的需求为基础，建立概念信息服务、集成信息服务、个性信息服务相结合的服务模式[①]。

（一）概念信息服务

在信息化社会，用户对信息服务检索结果的含金量要求更高，对信息的质量要求高于数量、深度要求胜于广度，因此图书馆的概念信息服务应运而生。概念信息主要是指注释信息和主题信息，概念信息服务则是一种建立在文献概念相关关系的基础上，利用标志的方法提示概念与概念之间关系的结构知识，揭示众多信息之间的语义关联关系，通过挖掘隐藏在信息中的知识以便用户有效地利用图书馆的服务，即以注释和主题的方式，结合等分类体系，进行立体标志。这样不但可以揭示自建的馆藏特色电子资源、商用的网络联机数据库和互联网上有用的文献信息资源，而且还可以将各类数据库的标引进行标准化转换，使用户采用最快捷的方式找到自己所需要的信息。

目前，概念信息服务分为标引语言的概念信息服务、搜索引擎的概念信息服务和专题研究的概念信息服务。标引语言的概念信息服务是指编制智能化的控制词表，利用其自动标引系统把来自信息源的作者语言转换为标引语言，其查询系统则可以把用户语言转换为标引语言，使用户语言与信息源作者语言通过标引语言达到最佳匹配，同时根据作者语言和用户语言的使用频率和表达方式，不断调整和更新标引语言。因此，网络环境下文献信息资源量多无序、标引缺乏规范、用户难以有效查询的矛盾能通过标引语言的概念信息服务得以解决。搜索引擎的

① 王红会.数字图书馆信息资源组织方法及服务模式［J］.情报杂志，2005（09）：65-66，69.

概念信息服务是指利用概念信息服务的注释和分类方法，不断将搜索引擎站点进行动态分类、进行信息导航服务，同时对类目交叉现象用互见、参照的方法，更好地指引用户使用。专题研究的概念信息服务是在标引语言和搜索引擎概念信息服务的基础上，针对专题研究项目提供专业文献的信息服务。

（二）集成信息服务

集成信息服务是基于信息集成理念基础上的信息服务，它是指对于某一特定领域或某一特定用户的信息需求，把信息资源保障体系的功能要素、信息要素、技术要素和制度要素等有机地连成一个整体，使用户得到面向主题的信息服务。提供集成信息服务，要进行面向需求、面向主题的资源整合，并由此延伸到元数据转换、数字资源的开放链接、分布开放式资源的使用管理和集成检索技术等。因为用户利用集成信息服务时，用户端面对的是“一步到位”式的计算机界面，而后台则是整体化的信息资源保障体系。在强大的整体化信息资源保障体系支持下，系统会根据用户所提供的某个检索表达式，自动实现横跨多个资源库的快速查询检索，并将查询结果进行比较、去重、排序后提供给用户，向用户提供一个统一的服务界面，实现跨仓储的便捷检索，实现同一主题信息资源“一步到位”的检索与查询。在智能化的文献信息检索中，系统能够在以后自动、定时地将相关更新的文献信息提供给用户。基于集成信息服务的图书馆，首先，进行信息资源的集成，以支持分布式数字信息系统间的互操作，研究各系统间的交换和共享信息资源与服务；其次，进行信息内容的集成，即对信息内容进行加工、整合，提供增值信息产品；最后，进行信息技术的集成，实现检索、采集、分析、加工和提供的无缝连接，实现各种服务方式之间的有机结合，才能构成一个逻辑的集成信息服务系统。

（三）个性信息服务

图书馆所服务的用户是有着千差万别需求的众多个体，而用户面对的是一个蕴含着各种资源的服务实体，信息化公共图书馆需要为用户建立一种系统或者平台设施，为个性化服务创造交流环境，以便用户提出问题并随时为其提供服务。为用户建立的这种交互式信息交流系统是统一的，每个用户有不同的代码、账户或网页，用户的需求和反馈信息通过自己的信箱可传递到图书馆服务系统，实现读者与图书馆网上交互功能。个性信息服务是指按照用户特定主题来组织信息资源和信息服务，按照用户需求来理解、设计、提供有关方法和技术，把提高用户的信息利用能力和效率作为根本目标和评价标准。个性信息服务是在概念信息服务和集成信息服务的基础上，通过将个性化定制集合有机地嵌入用户信息系统或用户信息利用环境中，形成恰好符合用户需求的信息检索结果，直接支持用户的信息活动。目前，个性信息服务有智能代理式的个性信息服务、实时数字参考的个性信息服务、基于推送技术的最新信息报道服务和个别定制服务等。如基于推送技术的最新信息报道服务，按照用户指定的时间间隔或根据发生的事件，将特定主题信息以在线或高线的形式，主动发送给用户或服务代理，实现信息支持，它是传统主题服务在信息化下的一种延伸。传送定制的个性化信息，有脱网、内网和互联网三种范式，出于信息安全或递送策略方面的考虑，传送定制的个性化信息，主要应在内网上进行。

个性信息服务包括个性化信息和个性化服务两方面的任务。个性化信息是反映个体个性特征的一切信息，同时不包括个体特定的信息需求组合。个性化服务包括服务时空的个性化，使用户在希望的时间和地点得到服务；服务方式的个性化，根据用户个人偏好提供服务；服务内容的个性化，用户在这种服务体系下可以各取所需，杜绝千篇一律。

第三节　数字图书馆网络信息资源整合及其技术分析

一、数字图书馆的信息资源构成

信息资源是图书馆生存和发展的基础，是满足用户需求的根本保证。网络技术和通信技术的飞速发展，使图书馆的信息资源类型和馆藏结构发生了根本性的变化，也促成了传统图书馆向数字图书馆的急剧转变。数字图书馆以分布式数字信息为对象，以网络资源和服务为主体，通过计算机和通信网络多渠道、全方位地收集文本、声、光、图像、影视等电子信息资源。根据存在形式，目前数字图书馆信息资源类型大体上分为三类：

（1）传统的印刷型文献。这类资源依然是数字图书馆的重要馆藏来源，但所占份额在逐渐减少。

（2）磁性介质的正式与非正式出版物，包括电子书刊、光盘数据库（网络版和单机版）、网络数据库（或联机数据库）等电子信息资源。这类资源具有体积小、容量大的突出特点，是数字图书馆的主要馆藏来源。

（3）流动在互联网上的虚拟信息资源（即网络信息资源），包括www站点、邮递表、新闻组、公告栏等。这类资源具有虚拟的性质，没有具体的载体形态，须经过整合、组织和转换才能进入数字图书馆的馆藏，是数字图书馆最有潜力的信息资源。

数字图书馆将不同载体的信息资源经过有序整合后，以数字化方式存储，以网络化方式传递。与传统图书馆相比，数字图书馆信息资源具有类型多样化、分布式组织、计算机处理和格式化存储的总体特点。本章将重点探讨数字图书馆网络信息资源的实现方式及其相关技术问题。

二、数字图书馆网络信息资源整合的技术分析

（一）网络信息资源整合的目标

在网络环境下，图书馆信息资源逐步走向以网络信息资源为主，而分布在网络上的信息基本上处于一种无序的状态。各个网站在信息结构上采用完全不同的组织结构，此外还包括了Web发布的数据库、应用程序等其他多种类型的信息资源。因此，信息资源必须实施整合，形成结构化、有序化的资源系统，建立统一的信息资源访问调用接口和资源索引，为用户提供方便快捷的资源检索和调用服务。

数字图书馆网络信息资源整合系统的目标，主要包括制定信息资源的分类标准、资源描述表示标准；利用先进的信息处理及发布技术，整合网站资源；建立统一、高效的网络信息资源发布服务平台等。信息资源的整合须按照“整合而非混合、整合而非兼并”的原则进行，首先应制定相应的资源标准；其次由各网站按照标准对站点进行改造，开发相应的功能模块；最后建设整合后的站点，形成一个大的资源系统。用户可以通过整合形成的门户服务站点，方便地访问到被整合站点所发布的各种信息资源。

（二）以XML结构化数据表示为核心的信息资源的描述、整合与发布

随着Web技术的飞速发展，丰富的信息资源给人们的学习生活带来了极大

的便利。电子出版、远程教育等基于Web的新兴领域的全面兴起，也使数字图书馆传统的Web资源更加多样化和复杂化，人们对Web服务功能的需求标准也随之提高。比如，需要对Web进行智能化的语义搜索，需要对数据按照不同的需求进行多样化显示，以实现基于智能的信息推送和个性化服务等。在这种情况下，XML（Extensible Markup Language，可扩展的标记语言）应运而生[①]。

XML以一种开放的自我描述方式定义了数据结构，在描述数据内容的同时也突出对结构的描述，从而体现出数据之间的关系。对于Web信息资源整合来说，XML技术具有诸多优点：其一，XML允许组织、个人建立适合自己需要的资源集合，可广泛应用于信息交换的多个领域；其二，XML把文档的三要素独立开来，其自我描述性质能够很好地表现许多复杂的数据关系，使得应用程序可以在XML文件中准确、高效地搜索相关的数据内容；其三，在信息发布方面，同样的XML接口，可以适用于不同的用户端访问形式；其四，XML独立于平台，有利于跨平台间的信息交流，完全可以充当网际语言，并有希望成为数据和文档交换的标准机制；其五，XML能够更准确地表达信息的真实内容，其严格的语法降低了应用程序的负担，也使智能工具的开发更为便捷。

（三）Web Service的信息发布和访问接口

Web Service是继Web访问之后的新一代资源发布方法，有着更大的灵活性和交互性。特别是强大的交互性能使网络资源不再作为一个独立的“孤岛”，能够作为一个整体信息系统的有机组成部分而存在。Web Service除了具有业务逻辑处理功能的发布能力外，更有强大的编程和自动处理功能。

利用Web Service的技术策略进行站点资源整合，还具有以下优点：

（1）访问灵活。用户可以使用Web页面访问方式获取静态资源，也可以通过Web Service接口远程获取动态应用资源。

（2）分类清晰。可以根据功能对网站内容进行分类，提供分类的Web Service函数接口。

（3）容易扩展。升级各个网站服务功能，无须改变各个网站的整体结构，同时可以动态地集成更多的新网站资源。

（4）移植方便。各个网站的网络服务可以轻松移植到不同的系统平台上。

---

① 贾宏.数字图书馆网络信息资源整合及其技术分析［J］.南阳师范学院图书馆，2006（02）：39–41.

（5）支持异构环境。通过Web Service技术屏蔽不同的操作系统、数据库系统等服务平台。

（6）功能丰富。各个网站能够根据自己的特长，提供各种具有自身特色的信息服务。

（四）Ontology（本体论）

Ontology原为哲学术语，意为“关于存在的学说或言论”，或者“客观存在的一个系统的解释或说明”，它关心的是客观现实的抽象本质。现代学科的交叉和融合，使专业术语的内涵和外延兼具了可以广泛使用的共性①。Ontology技术是从图书馆学、哲学和知识表述等领域发展起来的一门科学。但是，目前该技术的应用领域已经完全超越了上述领域，被广泛应用到目录系统、数据库系统、Web出版系统、知识管理系统中的中心词汇控制表中，并成为上述应用系统的核心组成部分。

网络信息资源整合系统要解决的是网络信息资源的描述、一致化利用等重要问题。作为信息资源分类的基础，Ontology的目标是捕获相关领域的知识，提供对该领域知识的共同理解，确定该领域内共同认可的词汇，并从不同层次的形式化模式上给出这些词汇（术语）和词汇间相互关系的明确定义。由于Ontology具有良好的概念层次结构和对逻辑推理的支持，因而在信息检索，特别是在基于知识的检索中得到了广泛的应用。同时，也是由于Ontology通过对概念的严格定义和概念与概念之间的关系来确定概念的精确含义，表示共同认可的、可共享的知识。因此，它在语义互联网方面也有着广泛的应用领域与广阔的发展前景。

（五）目录服务

在数字图书馆网络信息资源快速增长的背景下，集中的信息存储已经无法适应Web文档信息的数据储存需要，而对于Web信息而言，建立简明有效的Web资源索引显得重要起来。当前，应用广泛的目录服务（Directory Servise）可以较好地满足这一需要。目录可以看作网络系统中各种资源的清单，它保存了网络用户、服务器、客户机、交换机、打印机等的详细信息。如果运用在Web信息资源中，可以用于描述网络资源。目录服务表述的是一种层次性的存储结构，适合描

① 李莉.浅析数字图书馆的发展和信息资源的利用［J］.才智，2020（05）：228-229.

述同样具有层次关系组织的Web资源。同时，目录服务还收集资源之间的相互关联关系，并且可以动态改变和更新。当网络中新增一种资源时，可以通过在目录中添加相应的数据对象以及与其他对象和用户的关系来进行资源更新。当网络资源位置移动或更新时，可以通过移动相应的目录项或更新操作来完成。目录服务提供了一个有效管理网络资源的手段，它将网络的实际情况与目录一一对应。这样对资源的管理可以变成通过目录服务来进行。目录服务也支持网络资源的分区层次化管理。

和其他数据存储方式相比，目录服务在数据的处理性能方面具备很高的数据检索性能，能够满足大规模的资源快速检索要求。如果和其他数据存储形式配合（如大型分布数据或文件类型数据），可以实现大规模的信息资源存储和检索。此外，借助于目录服务在用户管理和安全管理方面的优势，也可应用于资源整合系统的用户管理和安全管理中。

三、数字图书馆网络信息资源整合系统的功能及其实现

（一）信息资源整合系统功能概述

根据以上技术分析，结合如前所述的资源整合系统的应用目标，我们设定系统的以下三方面的功能需求：

（1）站点资源的发现、分类和标引服务。系统通过对各个网点的静态页面、动态页面和数据库资源进行搜索，发现和分类各站点的Web数据，按照定义好的分类标准格式，以XML格式重新描述、封装信息内容，并以信息标引的形式生成信息资源索引，并保存于资源数据库中，以供用户对资源的静态自动检索。此外，系统也提供对被整合站点的实时动态资源进行检索的访问接口，满足用户的即时资源检索以及系统资源自动更新的需要。

（2）站点资源的分类、分析处理和存储管理。系统通过资源分析处理功能，对发现的Web资源XML格式标引信息进行分析、筛选处理，排除、合并冗余的信息，检验信息资源的一致性，对信息进行结构化处理和排序，为资源标引信息建立索引，按照定义好的标准格式进行存储。其中，对资源索引的智能化数据排冗和信息一致性处理是主要功能，也是资源整合过程的关键部分。

（3）Web资源的检索和调用服务。Web资源的检索和调用服务是根据用户的

不同访问形式（如Web浏览器、自动程序、移动终端等）提供不同需求的资源检索和调用服务；所有检索和调用服务采用Web service来实现，以XML作为接口描述格式实现不同用户形式的统一访问。

（二）信息资源整合系统功能的实现

根据以上功能分析，在系统设计中我们可按照“功能实现与接口分离”的原则，系统部分之间的访问和调用接口采用Web Service接口来实现，以XML为接口表示和数据交换格式；而在具体功能模块实现上，实现独立的功能处理模块，具体如下：

（1）子站点信息资源的搜索、封装、更新服务模块。这类服务模块包括数据库资源采集封装服务，静态资源搜索发现和封装，资源的实时更新、新增服务，动态应用的封装服务。

这些功能模块实现自动发现和检索有关网站Web页面和动态应用资源，根据定义的信息资源分类标准来分类信息，生成信息标引。信息描述采用“XML+ontology”的方式进行。

对于动态应用的封装服务，应用实例包括对各网站已有的Web项目申报、电子政务、技术评估等服务进行资源整合，将这些动态Web应用统一以Web Serice标准展现给用户。

（2）资源服务主站点功能模块。主站点功能模块包括两部分：一部分提供信息资源检索服务，即资源程序调用服务模块和资源检索服务模块；另一部分为信息资源的内部分析处理，即资源的一致性分析、冗余资源的排除和筛选资源的规范化，以及结构排序存储服务和资源维护更新服务功能。

资源数据的存储也是资源服务主站点的重要功能。系统采用“XML+目录服务”的方式，建立资源的快速索引服务；并且利用关系型数据库和XMI.文件，存储静态资源和动态资源调用接口。

（3）Web Service接口封装。由于系统要遵循“功能实现与接口分离”的原则。因此，系统分别在子站点和服务站点采用专门的Web Service接口封装，对需要对外发布的服务模块实现接口封装。

（4）对外服务接口。对外服务接口是系统为了适应不同形式的用户端访问需要而设立的，主要设计实现普通Web访问、应用程序调用和移动设备三类访问接口，以满足不同的服务访问形式。

在图书馆界，信息资源整合历来是一项重要工作。以网络信息资源为发展方向的数字图书馆馆藏结构的变化，更使其成为一项涉及面很广、技术难度很大的系统工程。本章所阐述的资源整合系统和相关技术是目前数字图书馆的一种行之有效的网络信息资源整合方案，新型的网络信息在不断涌现，技术更新的周期在加速缩短，基于此方案的数字图书馆信息资源整合及其配套工作还有待进一步研究和实践。这种研究和实践的主要内容包括以下几个方面：（1）信息的标准化问题。包括资源分类标准化、静态页面模板标准化和被整合站点的Web Service接口标准化，这些标准化问题都有待完善。（2）信息范围的扩大化问题。随着被整合网站在数量和信息量方面的同步增加，需要考虑大量数据对网络资源的同步搜索、发现与更新，以及信息资源的一致性和数据分析处理效率等方面的影响。（3）新的网络资源方式的集成和服务的提供问题。Web信息技术的发展日新月异，各种全新的信息表示和访问技术层出不穷，如何将这些新型的网络资源无缝地整合到系统中，并且能够提供个性化的信息资源服务，也是一个需要进一步解决的实际问题。

随着网络信息的海量增长，信息资源的有序化和信息的可用性问题已经成为以数字图书馆为核心的国家信息资源建设中的一个关键问题。互联网所包容的信息内容在数量和覆盖内容方面日趋全面，但众多有效的、可使用的信息资源也往往被淹没在网络信息的“汪洋大海”之中，各种资源因此形成了一个个有待开发的信息“孤岛”。网络无止境，研究无穷期。我们期待设计出更加科学、结构更加完备、功能更加强大的资源整合系统，为网络资源的发现、整合与利用提供一个全新而高效的技术平台，为数字图书馆的网络信息服务开辟更加广阔的发展前景。

第四节　数字图书馆信息资源共享机制研究

一、标准化建设和应用

网格环境下数字图书馆信息资源共享体系的标准化建设和应用主要由网格标准化和数字图书馆标准化组成，并将两者有机结合。网格标准化是网格系统众多信息资源进行充分共享的重要前提，也是网格应用成功的关键。因此，构建网格需要对标准协议和服务进行定义。目前，现有的网格系统大多局限于本系统内部的信息资源共享，而实现各个不同行业、不同系统信息资源的充分共享才是网格意义的真正所在。因此，定义网格标准，并将数字图书馆标准和网格标准更好地结合，使数字图书馆充分发挥其功能，成为网格发展的一大要务。目前，全球网格论坛、WCC以及Globus都开始筹划工作，加快全球大网格（GG）标准的制定。

网格标准化建设包括协议标准化和核心技术标准化。协议标准化就是对网格系统的标准协议进行定义，这就正如互联网的核心是TCP/IP协议。核心技术标准化就是对网格系统的标准技术进行定义[①]。在核心技术方面，由美国阿岗国家实验室与全美12家大学和机构合作开发的Clobus Toolkit已成为网格计算事实上的标准。作为一种开放架构和开放标准的基础设施，Globus Toolkit开发了一系列的协议、软件库、工具包等，提供了构建网格应用所需的很多基本服务，如安全、资源发现、资源管理、数据访问等。

数字图书馆标准化建设囊括了系统硬件平台标准、系统软件平台标准、开发工具平台标准、应用软件平台标准、生产工具平台标准、生产工艺标准、元数据标准、数据质量标准、资源建设标准、图书馆自动化管理系统兼容标准和文档标准等一系列内容，这是一个庞大的系统工程。标准化建设对于数字图书馆的发展及其信息资源共享有着十分重要的意义。

二、数字版权保护

在网格环境下，由于数字信息资源共享程度极大提高，数字信息资源的版权问题成为网格进一步发展的重要问题。如何对网格环境下各数字图书馆的信息资源版权进行保护成为网格研究和发展的一个重大课题。

（一）共享中数字版权保护的必要性

（1）在网格环境下，数字信息资源超大聚合，原本属于一个数字图书馆的信息资源能被其他数字图书馆的用户共享，无形中扩大了数字资源的传播途径。因此，数字信息资源侵权的可能性被扩大。为了防止侵权引起的不良后果，及早进

① 张伟民，张树中，赵冬梅.高校数字图书馆信息资源共享机制研究［J］.湖北科技学院学报，2014（05）：147-148.

行数字版权保护显得尤为重要。

（2）保护数字版权，维护作者和出版商的权益，可以鼓励数字化作品创新，促进信息的交流与传播。相反，如果作者和出版商的权益得不到保护，就会挫败他们继续创作和出版的激情，从而阻碍信息的交流与传播。

（二）共享中数字版权保护的措施

1.加强立法，完善知识产权法律体系

数字图书馆信息资源建设的不断发展给知识产权法律制度带来了极大的冲击，现行的知识产权制度已经不能满足日益发展的信息资源建设的需求。因此，建立一套完善的、行之有效的数字图书馆信息资源知识产权法律体系已经迫在眉睫。首先，要在立法中确认图书馆的社会服务公益性及收集、传承人类文明的法律地位，并适用于数字时代，从而为数字图书馆的合理使用与法定许可奠定法律依据。其次，可以借鉴国际上比较完善的法律体系，完善我国相关立法，在立法中准确定位图书馆的法律地位，尤其在知识产权立法中要加强有关图书馆方面的条文规定，使图书馆工作有法可依。最后，图书馆学界应尽快建立熟悉图书馆业务知识、计算机网络知识、法律知识及国际公约条例知识的理论研究队伍，积极参与知识产权法的制定、修改活动，以促进相关法律的出台和完善，尽可能保护知识产权人的利益，为数字图书馆提供宽松的发展空间。

2.建立著作权集体管理组织

著作权集中管理组织，是指著作权人授权著作权集中管理组织来管理他们的权力，即监视作品的使用，并与未来使用者或使用单位洽谈使用条件，如发放作品使用许可证等。通过著作权集中管理组织，一方面，可以使作者著作权的保护在较大范围内成为可能；另一方面，作品的使用者可以借助著作权集体管理组织使作品的使用合法化，不仅提高了作品的使用效率，而且有利于数字图书馆的信息资源建设。

3.建立数字图书馆版权联盟

建立图书馆版权联盟，可以协调各种信息资源的采购和共享，统一获得版权信息的许可，统一支付版税，争取部分著作权人和出版商出于知识广泛传播的目的，对在图书馆等公益性质的范围内使用其版权作品放弃部分权利和版税。建立图书馆版权联盟，使数字图书馆在合法合理利用和建设信息资源的同时减轻所支付的版权费用，不失为数字图书馆解决版权问题的好对策。

4.增强图书情报人员的知识产权保护意识

在世界维护知识产权的呼声越来越高的情况下，作为图书情报人员首当其冲应该增强知识产权保护意识，不但要掌握知识产权法的有关法律条文，还要加强自己的信息伦理教育。掌握知识产权法的有关法律条文就是要了解著作权的保护期限、地域和范围，什么情况下是合理使用，什么情况下是法定许可，合法复制与侵权复制的区别，以及侵犯著作权应承担的法律责任等。所谓信息伦理，就是指人们的自我约束力，是普遍认同的道德观念与标准，是对信息法律政策等约束手段的补充。只有这样，图书情报人员才能敏锐地分析和处理知识产权的相关问题，避免侵权行为的发生。

5.利用技术手段支持知识产权保护

由于法律条文的制定远远落后于现实，因此，采用技术手段成为保护知识产权的有效措施。目前采用的技术手段主要有数字水印技术、信息加密技术、信息智能识别技术、信息访问控制技术、防火墙技术、防病毒技术、防泄密技术、信息自动恢复技术、信息跟踪技术、系统信息安全评估技术等。

三、基础设施建设与系统改造

在基础设施方面：一方面，由于网格的应用对网络带宽的要求极高，而目前的网络带宽往往达不到应用网格的要求，因此，需要提高网络带宽；另一方面，网格对系统的自管理能力要求也非常高，需要对现有的信息基础设施做进一步改造。

在系统改造方面：网格技术要求原有的各数字图书馆系统应用标准化，并移植到新的系统中。但目前很多现有的数字图书馆应用系统不尽相同，如果将其纳入网格系统，将面临重新编写应用代码的问题。尽管目前已经有不少开发软件陆续推出，但实际操作中仍会遇到许多技术难题。因此，应用移植成为网格系统平台建好后网格技术走向应用的最大障碍。

为了适应网格的发展需要和拓展网格发展的空间，网格环境下数字图书馆建设的指导思想应该具有前瞻性，以便更好地融入网格共享体系。第一，统一规划网格环境下的数字图书馆共享体系资源建设。目前各个不同数字图书馆重复建设现象比较严重，造成了浪费，根据每个数字图书馆自身的特点和优势，对资源建设进行统一规划，每个数字图书馆就会分配到不同的资源建设任务，同时，还有利于特色数据库的开发。第二，加强数字图书馆标准化建设。标准化建设使各个数字图书馆之间的互操作性进一步加强，更好地进行信息资源共享。第三，加强各数字图书馆之间的协同服务。一方面，网格分布式、多层次的结构决定了各数字图书馆之间必须加强协同服务才能实现信息资源的高度共享；另一方面，为方便用户进行信息资源调度，网格系统只有协同服务才能从众多提供同一数据的不同数字图书馆中选择最近的资源，从而提高服务效率。第四，提供个性化和针对性服务。在网格环境下，信息资源超级聚合，如果不能有效地利用丰富的资源，服务形式陈旧和呆板，反而给系统造成负担。开展主题服务、学科咨询、科技查新等个性化服务，则能使原本局限于一个数字图书馆的信息资源的服务质量和效果得到极大提高。

第五节　数字图书馆信息资源建设模式研究

一、我国数字图书馆信息资源建设模式现状

（一）信息资源建设的存储模式

1.存储设备

目前在网络环境下的存储设备主要有磁盘阵列、磁带库和光盘库等。磁盘阵列（RAID）是指将多个类型、容量、接口一致的专用硬磁盘或普通硬磁盘连成一个阵列，使其能以快速、准确和安全的方式来读写磁盘数据，从而达到提高数据读取速度和安全性的一种手段。因此，磁盘阵列读写方式的基本要求是：在尽可能提高磁盘数据读写速度的前提下，必须确保在一张或多张磁盘失效时，阵列能够有效地防止数据丢失。磁盘阵列的最大特点是：数据存取速度特别快，其主要功能是可提高网络数据的可用性及存储容量，并将数据有选择性地分布在多个磁盘上，从而提高系统的数据吞吐率。另外，磁盘阵列还能够免除单块硬盘故障所带来的灾难性后果，通过把多个较小容量的硬盘连在智能控制器上，可增加存储容量。磁盘阵列是一种高效、快速、易用的网络存储备份设备。

磁带库是一种可将多台磁带机整合到一个封闭机构中的箱式磁带备份设备，

它能够提供同样的基本自动备份和数据恢复功能，但同时具有更先进的技术特点。光盘库是一种带有自动换盘机构（机械手）的光盘网络共享设备，由放置光盘的光盘架、自动换盘机构（机械手）和驱动器三部分组成。光盘库安装简单、使用方便，适用于数字化图书馆系统。

2.存储管理

数据存储管理是对网络系统数据存储各项操作进行的统一管理，是计算机系统管理的重要组成部分。对于一个完备的数字图书馆而言，数据存储是必不可少的，其主要包括两个层面的内容：技术上的保障机制和制度上的管理规范。

（二）信息资源建设的整合模式

数字图书馆信息整合是一种分布式模式，其信息对象可能并不存储在同一个地方，而是在不同的数据服务器上。数字图书馆信息组织基于图书馆馆藏资源的数字化，即把原来用纸张或其他载体形态存储的信息转换为用电子计算机的电磁信号存储的信息，统一的数字化信息为数字化图书馆统一组织各种载体的信息奠定了基础①。由于信息的数字化过程是一项投入巨大的、长期性的工作，任何一个单位都不可能单独承担起这项工作，同时，在信息处理和传播技术迅速发展的刺激下，信息量的增长速度十分惊人，任何一个单位同样也不可能用同样的信息。因此，数字化图书馆只能是一种分布式的信息组织模式。它将信息资源以数字化方式存储，以网络化方式相互连接，提供即时利用，实现资源共享。分布式借助于分布式计算机技术，组织跨越了空间位置的限制，具有全球化的特征。

（三）信息资源建设的组织模式

（1）数字图书馆收藏的是数字化的信息资源。信息资源数字化是数字图书馆的基础，是数字图书馆与传统图书馆的最大区别。数字图书馆不仅包括本地存储的不同格式、不同类型的数字资源，通过网络可获得的异地信息资源也成为数字图书馆的虚拟馆藏。

（2）数字图书馆中的信息组织以信息资源的标准化为基础。信息资源的标准化、规范化是数字图书馆共建共享信息资源的前提条件。为适应网络电子资源整序的标准化、规范化要求，元数据 Metadata 技术应运而生，目前数字图书馆中常

---

① 蒋玲.数字图书馆信息资源建设模式研究［J］.新世纪图书馆，2010（01）：71-72，102.

用的元数据标准有Dublin Core、MARC等。

（3）数字图书馆中的信息组织是一种网络化的信息资源模式。数字图书馆是建立在网络上的图书馆，数字图书馆正是通过由互联网和万维网的高速、大容量的计算机网络系统将世界各国的图书馆和无数的计算机连为一体，进行资源的采集、数据的存取、服务的开展，信息网络是数字图书馆的基础。

（四）信息资源建设的安全模式

在现代计算机网络支撑的信息网络中，信息源不是高度集中和绝对封闭的，而是在合理布局的基础上，形成了分散、众多的信息源体系。数字图书馆是建立在计算机网络环境下的信息资源管理系统，网络的安全就成为信息资源建设不得不面对的问题。计算机诈骗、计算机病毒等造成的信息被窃取、篡改和破坏，以及机器失效、程序错误、错误操作、传输错误等造成的信息失误或失效，都严重地危害着信息系统的安全。目前，数字图书馆的安全模式主要包括数字图书馆系统硬件安全、软件安全、运行安全和计算机系统安全立法等。

二、我国数字图书馆信息资源建设模式探索

（一）存储模式上

随着网络技术的发展，各种网络应用在互联网上大规模地展开，数字图书馆应用信息检索Web主页、数据库资源检索等多种服务，这不仅对网络服务器本身，也对服务器存储技术提出了苛刻要求。传统的存储模式无论在规模上，还是安全上，或是性能上，都无法满足特殊应用日益膨胀的存储需求，新的存储体系结构和解决方案的应用势在必行。综合比较现有的几种技术与设备，磁盘阵列可在线扩容、容量大、可靠性高、数据传输速率高、空间利用率高、功耗小、体积小、成本低且便于维护，因此笔者建议，我国数字图书馆信息资源存储设备首选磁盘阵列。

（二）整合模式上

在信息资源建设的整合模式上，笔者建议采用当前数字资源整合的一种新模式——基于知识体系的资源整合。知识体系的资源整合方式主要是通过对某学科

数字资源的分解和重组，按知识体系的关联性、主体性组织成网状相互联系的知识资源系统。当前有很多研究热点，例如，知识采集技术，研究如何模拟人的感官的信息技术，与人工智能的识别技术相结合，研究知识的分式存储体系结构，使同一个知识不是存储在网络中的某个特定部位，而是分布在整个网络中，形成既独立于每个知识，又能被多个知识发现共享的有机整体；知识交换平台，它使异构的知识能够互通有无、交换共享；知识挖掘，对蕴含于现有信息知识中的隐性知识的知识发现，包括经典的数据挖掘、文本数据挖掘、文档数据挖掘等；知识提炼，把作用于工作流程中的隐性知识变换成显性知识提炼出来；等等。可见，基于知识体系的资源整合，即采用技术、经济、人文等手段，对知识和其他生产力要素的渗透、协调与激活以及对知识作用于知识，而创新知识的过程进行科学的计划、指挥、组织、协调和控制，从而有效地保证组织目标顺利实现。

（三）组织模式上

目前，数字图书馆的资源描述标准主要有Dublin Core（DC）、MARC等[①]。MARC虽能够有针对性地描述相应的信息资源，大大提高资源的可获得率，但在数据加工和标引上，却需要耗费不少的人力和时间，并且需要专业的从业人员。DC简单、好理解、便于使用、具有兼容性，在国际上被广泛认可；DC具有灵活性，可用来描述复杂的资源；DC具有协和性，可与图书馆运用的其他元数据结合，已逐渐发展成为一个标准化的核心元素集。我国数字图书馆信息资源组织模式采用DC元数据标准是可取之道。

（四）安全模式上

数字图书馆信息资源安全问题的解决需要从现有的网络安全技术出发，针对数字图书馆的实际情况对这些技术进行二次开发，从技术层面构建其系统安全平台，并进一步建设基于该平台的数字图书馆安全管理机制和模型；对用户和图书馆系统管理人员的权限进行规范；最后是制定数字图书馆安全管理的有关安全法规和政策。为此，笔者建议使用解决数字图书馆信息资源安全问题的T-O-R模式。T-O-R模式试图从全方位解决数字图书馆信息资源安全涉及的问题，包括三个环节：T（Technology，技术）环节是数字图书馆信息资源安全所包含的各种技

① 万伦宇.信息化背景下现代科技对高校图书馆数字资源建设的影响研究［J］.轻合金加工技术，2020（09）：77-77.

术；O（Organiztion，组织）环节是数字图书馆信息资源安全实施中的组织与管理问题；R（Regulation，法律）环节是与其相关的各种法律、法规。其中技术是发展数字图书馆信息资源安全的基础；组织是保障；法律是准绳。

数字图书馆是理论与实践飞速发展的领域，不断有新技术、新理论产生，需要我们不懈地探索，实现真正意义上的数字图书馆仍任重道远，需各方面建设者齐心协力。除了信息资源建设，图书馆整体各因素之间还要相互作用、相互依存，以资源建设流程为核心，以资源建设理论为基础，以标准规范为准绳，以技术为支撑，以知识产权为约束机制，以开发反映先进文化和先进生产力的信息资源为目的，逐步形成具有中国特色的信息资源体系。

第四章　大数据环境下数字图书馆的管理创新

第一节　数字图书馆行政管理

21世纪是信息经济时代，计算机技术和通信技术的飞速发展，带动了图书馆的网络建设。数字图书馆的出现，给图书馆事业的发展带来了新的转机。与此同时，科技与网络的行政管理也得到了快速的发展，为打造数字图书馆提供了有利的条件。随着互联网的迅速普及，对图书行业产生了重大的影响，原本以图书、报纸为主体的传播平台有了突破性的创新，如网上图书馆、期刊室等多种新的传播知识的方式，都为人类提供了极大的便捷。信息技术的飞速发展不仅使人们对信息的需求量不断增加，还使信息服务变得更加快捷、方便、高效，此外，飞速发展的科技为数字图书馆创造了所需的技术手段和设施，给用户提供了更加个性化的需求，实现了信息资源全球性的共享。在这种形势下，如果图书馆仍然延续传统单一的管理模式，就会偏离发展的环境，甚至阻碍图书馆的生存与发展。

图书馆行政管理是数字图书馆整体管理的重要组成部分，也是业务建设和用户的调控中枢，是图书馆中各项工作的重要保证。而图书馆行政管理就是指要遵循数字图书馆的自身特点及其运作规律，通过管理者采取计划、组织、决策、指挥、控制、协调、创新等行为，合理且最大限度地发挥图书馆的人力、财力、物力、信息、时间等资源的作用，最终实现办馆的目标和取得效益最大化。

图书馆行政管理，具体由管理制定和督促执行各项规章制度经费管理等组成。基于这些管理项目，从数字图书馆的行政管理出发，具体管理有以下四点。

一、管理好人力资源是行政管理工作的核心

对于人力资源的管理，邓小平同志曾指出：“所谓管理得好，主要是做好人

的工作。”可见，管理人力资源是管理工作的关键。因为人才是工作中最为积极的因素，其他一切特质资料也是由人来掌控的，所以只有把人管理好，特质资料自然才会发挥更好的效益。而人力管理的好坏对工作效益的高低有着直接的影响。对于数字图书馆工作虽然不存在产品质量、经济效益的影响，却关系着文献资源的开发与利用，乃至服务态度和服务质量，直接关系到图书的流通、用户获取的信息和知识。因此，数字图书馆行政管理应以人的管理为基准，以调动人的积极性、主动性、创造性作为管理的核心。

要从根本上提高全体馆员的整体素质和职业道德，使其具有充分的积极性、主动性和创造性，必须重视和加强馆员的思想政治教育，具体如下：

（1）建立健全学习的制度，坚持不懈地组织职工学习政治、时事与图书馆的方针、任务和担负的社会职能。管理时结合图书馆的性质和特点，对职工进行必要的职业道德教育，使广大职工真正树立“读者第一，服务育人”的职业道德风范，并能够自觉地弘扬职业道德，树立正确的人生观、世界观和价值观，并强化服务意识，使职工恪守职业道德，发扬爱党、爱国、爱馆、爱书、爱读者的敬业精神，在工作中体现出自身的价值。

（2）对图书馆管理时要结合本馆的实际情况对馆员进行耐心细致的思想工作，深入实际问题中，及时掌握馆员的思想情况，并对出现的实际问题进行解决。在解决问题方面，一定要对馆员理解、信任和支持，只有这样才可以真正融入其中，对出现的问题进行统一认识，从而激发人的积极性、主动性和创造性。

二、建立健全规章制度是行政管理科学化的重要依据

有管理就有制度，正如人们常说的“没有规矩，不成方圆”。建立健全合理的规章制度是数字图书馆实行科学管理的重要依据，也是数字图书馆改进工作作风、提高工作效率、加强职工队伍建设的一项极其有效的措施。由于数字图书馆是一项学术性、业务性、服务性很强的复杂劳动，在对其进行管理时，必须根据图书馆自身工作的特点和发展规律，依法治馆，并制定出一套行之有效的规章制度，以对馆员起到限制与约束的作用，这样才能保证管理沿着科学化、规范化的方向发展，使数字化图书馆达到最佳的状态，实现数字化图书馆总任务与总目标的目的。

数字图书馆完整的规章制度包括：馆、部、室的职责；各层管理人员的权

利与义务；会议制度；行政业务及服务工作岗位的要求；不同岗位的工作要求及标准与条例；流通阅览、参考咨询、自动化手段规范以及规章制度的行政管理和督促执行等。当管理制度形成一个有机的整体时，不仅可以对馆员起到制约的作用，同时还对馆员起到激励的作用，使之更好地完成馆里下达的任务，使馆员在工作中有章可循，成为管理的重要依据，能使图书馆各项工作顺利地运行。此外，还可以使领导有更多的精力去思考与开拓工作，处理重点与难点的问题。总之，对数字图书馆建立健全的规章制度，不仅可以加强数字图书馆的管理水平，还可以从根本上提高职工队伍的整体素质和工作效率。

三、搞好经费管理是确保业务建设的根本保证

数字图书馆需要发展，而经费则是图书馆顺利开展各项活动的支柱，也是图书馆各项工作正常运转的主要条件。对于数字图书馆经费的投入已受到上级领导的重视，而且投入也逐年递增，可是投入加大而无有效的管理，也会造成浪费和流失。由于我国目前经济还不够发达，制约图书馆发展的物质因素也不会在短时间内得以解决，所以图书馆经费相对紧缺，尤其是当前书刊价格不断增长和电子资源的出现，这都要求行政管理工作发挥主导作用，通过管理的手段使图书馆得以最好的发展。图书馆中主要以图书为服务基础，如果没有图书，那么就谈不上服务和效益。所以，行政管理中的经费管理应本着统筹兼顾、轻重缓急、确保效益等原则，既要保证购书，又要优先业务建设，对经费都必须合理分配与安排，尤其是购书经费上要合理使用。在购书经费方面需要注意以下三点：

（1）必须专款专用。是指在购书经费上不能与正常预算经费相互挤占挪用，使有限的专款经费起到最大的效益，使购书计划得以完成。

（2）必须有效地使用经费。按照图书馆的任务、专业建设、藏书结构、读者对象及办学特色来确定当年收藏的范围、收藏重点及购书的原则。在采购的过程中，应严把质量关，坚决抵制非法图书。

（3）必须合理安排经费。对于采购图书的数量，则应根据本馆的采购方针，同时还应提高图书馆采购人员的素质，实行书刊采购的科学管理等建立适合藏书的体系。此外，还应对采购管理实行监督机制，对订单的复审与新书认真验收，尽可能地避免错购、重购、漏购的情况，并要确保采购的金额、品种和数量。

对于数字图书馆业务方面的经费与办公经费等也要进行科学的管理，对其进

行有效使用，严格控制不必要的支出。

四、加强自动化设备管理是提高服务质量的重要手段

数字图书馆中的自动化设备是图书馆中重要的组成部分，它不仅关系到图书馆各项工作的顺利完成，还会影响图书馆的建设与发展。在这个信息化、网络化的时代，对自动化设备的管理则更为重要。设备管理的核心主要包括：

（1）培养和配置专职设备的管理员，把管理人员的积极性与主动性充分地调动起来。

（2）保证设备的完好率和提高设备的利用率。

在对设备进行管理时，首先，要对其进行科学化、标准化、规范化的管理。由于图书馆业的迅速发展，现代化建设、设施建设也有了显著的成绩。只有一套科学化、标准化、规范化的设备管理系统才能使图书馆正常有序的运行，这也是图书馆管理软件中的重要组成部分。因此，为了使图书馆正常有序地发展，必须制定一套适合馆情的管理标准，做到有章可循[①]。其次，还要建立严格的设备管理制度。由于数字图书馆现代化的设备投入较大，而且价格昂贵、种类繁多、设备精密，所以需要建立严格的管理制度，并采取科学的管理方法。把图书馆的设备管理好，可以有效保证设备的完好率减少故障，延长使用寿命，将设备的利用率发挥到最大化。设备安全的管理也是重要的工作之一，如对电子阅览室或计算机室和检索室等的维护及注意防火、防盗等，最大限度地发挥设备的使用率和保证其完好率。

归根结底，对设备的管理关键在于对人员的管理。对此，可以从以下三方面实现：

（1）积极选用人才。选用人才时可选择思想素质好、基础知识牢与动手能力强的计算机专业人员。

（2）对在职人员进修、培训。培训是有效提高专业技术人员的一个好途径。在经过长期的进修和培训后，可产生一批技术骨干，也可以成为图书馆中技术人才的备用。

（3）在工作中边干边学。边学边干也是一种提高技术的有效途径。数字图书馆中的行政管理是图书馆中整体管理的重要组成部分，也是搞好业务工作和读者

① 汪雯.浅析我国数字图书馆市场化运作模式探索［J］.商情，2012（35）：198-199.

工作的关键。对图书馆行政管理工作进行不断完善，仍然是一个需要深入探讨的问题。

总之，在实施数字图书馆行政管理的过程中，一定要加强对人力资源的思想管理，以规章制度作为保障，进而合理地使用和充分发挥人力、财力、物力、信息等资源，最终达到最佳的效益。

第二节　数字图书馆的管理创新

最近几年来知识管理研究已开始拓展到图书情报领域，出现了许多新的动向和趋势。不过，在当前知识管理研究热潮中，大部分是介绍和跟踪国外知识管理的理论进展或企业知识管理的，而对知识管理与图书情报学互动的研究很少涉及。因此，我们必须加强这方面的研究，以促进图书馆学情报学的创新和我国图书情报事业的全面发展。图书馆知识管理是知识管理理论与图书馆实践相结合的一种新的管理思想和方法，它将从基本理论、管理模式、管理方法、图书馆管理工作与图书馆文化五个方面创新图书馆管理。

一、图书馆知识管理对图书馆管理基本理论的创新

（一）基本理念的创新

图书馆管理是指应用现代管理学的原理和方法，通过计划、组织、指挥、协调和控制等行动，合理配置和使用图书馆资源，发挥其最佳效率，达到预定目标和完成图书馆任务的过程。图书馆知识管理创新、发展了图书馆管理。什么是图书馆知识管理？图书馆知识管理，是指应用知识管理理论与方法，合理配置和使用图书馆各种资源，充分地满足用户不断变化的信息与知识需求，并提升现代图书馆的各项职能和更好地发挥其作用的过程。由此看来，图书馆知识管理与图书馆管理有如下不同：（1）理论基础不同。从上述两个定义可以看出，图书馆管理是以传统的管理学理论为基础，图书馆知识管理则是以知识管理理论为基础。（2）管理对象不同。图书馆管理对象是由人员、文献信息、建筑、设备、经费、技术方法等要素构成的图书馆系统；图书馆知识管理对象是图书馆知识管理系

统，它是由信息与知识资源、人力资源、物资资源、技术与图书馆文化等要素组成。(3) 侧重点不同。尽管图书馆管理的中心思想是以人为本，以读者为中心，但是在实践中，很少有图书馆贯彻了这一基本管理思想，而只是忙于一般的事务性管理；图书馆知识管理真正体现了以人为本的管理思想，人力资本管理成为图书馆知识管理的核心，知识服务与知识创新成为图书馆知识管理的直接目标。

(二) 管理内容的创新

图书馆知识管理将实现图书馆管理中人事管理、业务管理和行政管理的整合和创新，突出如下主要内容：(1) 知识创新管理。它主要包括：图书馆学理论的创新研究，以“知识”为主要对象和核心概念，革新图书馆学的概念体系和理论基础等；图书馆学方法的创新研究；图书馆工作业务流程的创新研究，以“知识流”为主线，进行业务流程的重组与创新，探讨从文献采访过渡到知识采集、从文献组织过渡到知识组织、从文献服务过渡到知识服务的方法和途径；图书馆管理的创新研究，特别是数字图书馆的知识管理研究。(2) 知识应用管理。图书馆需要为企业、政府、社会团体、科研机构建立虚拟图书馆或信息中心；为用户开拓多样化、深层次服务；构建复合型图书馆。(3) 知识传播管理。主要是为了促进知识寻求者与知识源之间、知识寻求者与知识提供者之间的及时准确的匹配和传送。(4) 知识服务管理。图书馆应帮助用户开发知识和运用知识，使图书馆能在更高层次、更直接方式、更关键性活动和更全面过程中支持用户的知识应用和知识创新。(5) 人力资本管理。图书馆知识管理十分重视人在知识管理过程中的核心作用，需要积极培养胜任知识管理的知识型馆员。(6) 知识产权管理。图书馆要研究在网络环境下知识产权保护遇到的新问题，提出解决问题的新策略和新办法。

(三) 管理职能的创新

一般来说，图书馆管理具有决策、计划、组织、指挥、协调、控制6种基本职能，而图书馆知识管理的主要职能体现为：(1) 外化，它是以外部储藏库的形式捕获知识，并根据分类框架或标准来组织知识。(2) 内化，它是设法发现与特定需求相关的知识结构。在内化过程中，从外部数据库里提取知识，并以最适合的方式重新布局或展示信息，通过信息过滤来发现与用户相关的信息内容或知识。（3）中介，它是指把与某一研究领域相关的人和知识联系起来，通过群件、内部网、工作流和文件管理系统进行明确、固定的知识匹配和传送。（4）共享，即帮助员工从知识库中发现有用的知识甚至从中获得启迪和智慧。（5）学习，即帮助图书馆与个人解决学习问题，包括学习的目的、内容、程度与方法等，涉及知识的收集、整理、积累（储存）、共享，从而激励员工不断地学习与更新知识，使图书馆成为一个学习型组织。（6）认知（创新），它是在外化、内化和中介的基础上创造知识的过程，即知识创新的过程。图书馆知识管理可以帮助用户获得相应的知识，并提供最新的信息；也可直接参与科学研究、知识生产等过程，成为国家知识创新体系的有机组成部分；更关注知识在社会和用户间的扩散和传递，促进知识创新成果向现实生产力的转化。

（四）管理原则的创新

过去，图书馆管理往往强调系统原则、集中统一原则、民主管理原则、动力原则、效益原则。图书馆知识管理将突破图书馆传统管理的一些条条框框，突出如下原则：（1）开放性原则。要建立一个开放的图书馆知识管理平台，让所有成员能把自己的新知识添加到知识管理平台中去，同时也吸收和利用外部知识，丰富图书馆的知识库。（2）共享性原则。当图书馆成员间的知识得到共享时，图书馆的知识存量将成倍地增长，而转让知识并不损失成员任何东西。而且由于知识的共享是一个过程，需要转让者和接受者共同参与，因此，成员在转让知识的过程中能使自己的知识得以深化，或者获得新的知识。（3）激励性原则。图书馆通过建立知识管理激励系统，包括知识运行机制、知识明晰机制、知识绩效机制和知识奖惩机制，就可以针对不同类型的知识型员工采取不同的激励方式，或者针对职业生涯不同阶段采取不同的激励策略。（4）发掘性原则。图书馆应该认识到知识在图书馆产品及其服务的价值创造中所具有的关键作用，图书馆需要明确知识的价值，并将其挖掘出来。（5）协作性原则。基于知识共享性，图书馆团队间的协作活动变得非常重要。只有团队活动才能真正将知识资本挖掘出来并加以形式化和资本化。（6）增值性原则。由于知识具有收益递增的特性，图书馆员工通过知识共享，可以分享个人的知识和经验，减少团队的学习时间，实现知识价值的增值与功能放大。（7）层次性原则。图书馆知识管理可分为3个层次：一是信息管理，是对信息的收集、整理、储存、查找和利用的过程；二是对知识的管理，即包括对用户、供应商和图书馆内部员工的知识加以识别、获取、分解、储存、传递、共享、创造、价值评判和保护，并使这些知识资本化和产品化的过程；三是对图书馆知识资本的管理，也就是对图书馆人力资本、市场资本、结构资本和知识产权资本的管理。（8）创新性原则。图书馆应本着创新性原则来实施知识管理策略，也就是说要用知识创新的观点来构建图书馆知识管理理论，并加强其组织建设、制度建设与文化建设。

二、图书馆知识管理对图书馆管理模式的创新

根据工作复杂程度和相互依赖程度的高低，图书馆知识管理模式可以分为事务模式、专家模式、集成模式和协作模式。知识管理的事务模式的最大特点是“知识的规范”，通过核心业务知识的规范化、标准化确保核心业务活动持续稳定开展。它强调知识系统化运作的自动化，或工作常规化、操作程序化、员工行为标准化，不需要太多创造性的员工。这种模式在工作复杂程度和相互依赖程度上都比较低。知识管理的集成模式着眼于“整体最优”，着重于跨部门的统一协调，通过业务集成的方式促使掌握相关知识的各部门形成统一的运作规则和行动标准，充分发挥共享目标体系和信息反馈体系的作用，使各部门的功能性决策建立在整体运营效率最大化的基础之上。这种模式在相互依赖程度上相对较高，在工作复杂程度上相对较低。知识管理的专家模式注重从“专家”的工作中获取核心业务发展的推动力，发挥“明星效应”，要求图书馆必须采取特别的激励手段吸引具有专门知识的个人，鼓励他们进行价值增值活动，并通过图书馆知识资本的内部运营来培养图书馆内部的业务骨干①。这种模式在相互依赖程度上相对较低，在工作复杂程度上相对较高。知识管理的协作模式注重从全局角度来综合各种知识领域，调动各方面的知识储备来解决错综复杂的问题，尤其强调学习型组织“共同超越”理念的挖掘，建立起激励员工们参与知识共享的机制，共同关注个人和集体创新能力的培养。这种模式在工作复杂程度和相互依赖程度上都比较高。

三、图书馆知识管理对图书馆管理方法的创新

其中，目标管理、全面质量管理、集成管理是图书馆常用的管理方法，图书馆知识管理将创新这些管理方法。

---

① 龚军慧.数字图书馆管理创新问题初探［J］.内蒙古科技与经济，2006（05）：165-166.

（一）图书馆知识管理对目标管理的扬弃

目标管理是以重视成果的思想为指导，共同确定一定时期的总目标，通过层层分解目标、自我控制、自我管理手段来达到目标的一种科学管理方法。图书馆目标管理，实际上就是目标管理方法在图书馆中的应用。虽然图书馆目标管理有利于调动图书馆工作人员的积极性，有利于图书馆从分散性管理向系统性管理过渡，从单项管理向综合管理过渡，有利于提高图书馆专业队伍的素质和工作效率，但是在图书馆目标管理实践中，经常遇到两个棘手问题：（1）难以协调目标间的冲突。虽然在目标管理中，图书馆有一个总目标，但是各部门、小组的具体目标是不同的，有时这些具体目标间存在冲突。有些部门和个人为了更早或更轻松地完成自己的工作任务，往往不顾大局，不愿或很少为其他部门多作些贡献，从而对图书馆目标管理起了阻碍作用。（2）难以激发员工的工作热情与创新精神。尽管图书馆目标管理提倡运用授权理论、自我控制理论、激励理论，发动并鼓励图书馆全体人员参与制定、实施、评价目标的全过程，但在目标管理实施过程中，员工主动地、自觉地为实现目标所作贡献是不够的，他们往往是为完成计划任务而工作，而没有从内心深处调动员工的工作热情和创新精神。图书馆知识管理引入人力资本管理理念，以人为本，尊重员工的作用和重视员工本身的发展，强调运用权变管理思想来加强对员工的管理，以柔性管理方式取代目标管理中的硬性管理，使员工的工作热情与创新精神能够得到最大限度的释放；图书馆知识管理通过建立灵活的扁平化知识型组织——知识型团队来弱化等级，注重平等参与，克服了目标管理中存在的上下信息沟通不畅、信息失真甚至阻塞的弊端，也有利于在图书馆内营造一种平等竞争的气氛，充分发挥人的积极性和创造性；图书馆知识管理还通过营造一种知识共享文化，形成一个能够让知识自由流动的环境，这样就可以协调图书馆各部门的工作任务和员工间的关系，使图书馆成为一种学习型组织，从而促进知识共享和知识创新。

（二）图书馆知识管理对全面质量管理的扬弃

图书馆全面质量管理是图书馆为保证和提高信息服务质量，动员图书馆的各个部门和全体员工，综合运用管理技术、专业技术、思想教育、经济手段和科学方法，建立健全服务质量保证体系，对服务的全过程实行有效控制，从而开发、设计、生产和提供用户满意的信息产品与信息服务，做到最适质量、最低消耗、最优生产和最佳服务，最终实现不断提高服务质量的目标。图书馆实施全面质量管理必须做到：（1）对质量的全面承诺；（2）面向用户；（3）不断改进操作系统；（4）协同工作；（5）重视培训；（6）为员工授权和尊重员工；（7）测度绩效；（8）持续改进。然而，一些障碍使全面质量管理难在图书馆实施，这包括心理障碍、术语障碍、承诺上的障碍、过程中的障碍、职业化的障碍和测度工具上的障碍。因此，国外尽管建立了多种图书馆全面质量管理模型，但图书馆全面质量管理实践并未像企业全面质量管理那样得到广泛推广。Carl Gustav Johannes认为，全面质量管理本质上是一种密集型信息管理。所以信息管理与知识管理的区别也体现在图书馆全面质量管理与图书馆知识管理中。与图书馆全面质量管理相比，图书馆知识管理在管理对象、管理方式和管理技术上都有所拓展。在管理对象上，图书馆全面质量管理往往注重的是编码化的信息、流程和显现知识；而图书馆知识管理不仅关注上述对象，更重视员工隐性知识的管理，努力把员工脑子里的观念、点子转化成可以共享的知识，以提升图书馆的核心竞争能力。在管理方式上，图书馆知识管理可以将信息管理和协同合作紧密结合起来，将个人知识（隐性知识）转化为集体知识（显性知识）并将新的显性知识传递给员工，使这种显性知识再被其他员工吸收，成为指导个人行为的新的隐性知识。在管理技术上，图书馆知识管理深化了对包括计算机技术、通信技术等先进信息技术的运用，充分利用数据仓库、数据挖掘人工智能技术获取信息中隐含的知识；广泛利用大型数据库技术、新型检索技术、智能代理、搜索引擎以及网络技术、群件技术来保证知识的存储、传播和共享。

（三）图书馆知识管理对集成管理的扬弃

图书馆集成管理，是指运用集成的思想和观念指导图书馆的管理实践，实现信息技术、文献信息资源、人员、机构等各种资源要素的全方位优化，增强管理对象的交融度，促进各项要素、功能和优势之间的互补、匹配，从而最终促进整个管理活动的效果和效率的提高。由此看来，图书馆集成管理只不过是实现了对图书馆管理要素的整合与集成，是信息管理的一种高级形式。一方面，图书馆集成管理为图书馆知识管理的实施奠定了基础，图书馆可以运用集成管理技术与方法来促进图书馆知识管理的实施；另一方面，图书馆知识管理吸收了集成管理中的“集成”理念，站在更高的层次，即从知识创造、知识共享和知识服务的角度来拓展图书馆集成管理的应用。

四、图书馆知识管理对图书馆管理工作的创新

图书馆知识管理对图书馆管理工作的创新集中体现在如下三个方面。

（一）以“知识型团队”创新图书馆组织模式

图书馆知识管理要打破传统的组织结构，建立柔性的、灵活的知识型团队组织。知识型团队是一种以知识的创建、传播与应用为基本出发点的由相互协作的个体所组成的正式群体。图书馆知识型团队组织由资源建设团队、信息服务团队、技术支持与开发团队、高层管理团队四部分组成①。资源建设团队负责各种信息资源的收集、整理、数字化转换、描述和加工；信息服务团队主要负责图书馆服务项目的设计与创新，为用户提供各种各样的信息服务与知识服务，如包括外借阅览、参考咨询、网络导航、用户培训等在内的信息服务和包含知识发现、知识挖掘、知识创新等在内的知识服务；技术支持与开发团队负责图书馆新理论、新技术、新工具、新标准的研究与开发，系统设备的更新与维护，数据处理系统的升级与维护，数据的长期保存与安全保护等；高层管理团队负责规划、组织和控制本馆发展和建设的目标步骤与进度，构建图书馆知识管理平台，促进馆员之间的相互交流和学习，协调本馆部门间、馆际的相互关系，进行人事管理和财务管理，组织国内、国际的学术交流。这里，团队是由多个部门的具有互补能力和知识的人参加的以任务为导向的充分自治的工作单元，是一个相对独立的工作模块。内部网与互联网成为团队进行协调与沟通的“桥梁”，通过它们实现团队成员的知识共享。对于图书馆知识型团队组织结构而言，这种知识型团队组织具有如下几个优点：一是消除了由于层层传递所造成的信息失真和延误，缩短了信息与知识传递的路径和时间，提高了时效性；二是由于基于Intranet/Internet的信息与知识是开放的、共享的和集成的，团队间的相互协作与交流得到加强，提高了组织的凝聚力；三是这种结构便于用户参与知识开发，通过采纳用户的合理化建议，可以完善图书馆的各项服务；四是可以激发团队成员工作的积极性和创造性；五是改变了领导与员工间控制与被控制的关系，建立起新型的伙伴关系，改

① 胡昊.新形势下数字图书馆管理创新研究［J］.数码世界，2018（03）：103.

善了领导关系；六是实现了组织结构的扁平化和图书馆业务流程重组。

（二）用知识管理思想指导图书馆服务

在服务取向上，坚持“以用户为中心”。以前图书馆更多的是关注信息对象（馆藏）而不是信息用户，即“以馆藏为中心”开展服务，也会导致一些弊端，如馆藏重复建设、馆藏结构单一、利用率低、服务范围小、服务层次低和经济效益差等。图书馆知识管理能贯彻“以用户为中心”，紧密地将信息用户、信息资源和信息技术结合起来，针对用户结构、阅读倾向、各群体数量及比例、利用图书馆的频率和方式、对服务的需求层次和满足程度、将来可能的发展变化等参数，连续地收集用户数据，深入研究用户信息需求，建立明确有序的用户信息反馈渠道和科学可行的系统化评测指标，借以客观、准确地反映和评价图书馆服务运行的状态和效率，指明需要改进的环节和项目，有针对性地调整服务对策，从而扩大和提升图书馆信息服务与知识服务。

（三）在服务内容上，强化知识性

知识经济对图书馆服务提出了较高的知识性要求，图书馆知识管理服务不再是简单的资料收集、储存和传递，而是基于知识的开发、创新与利用。首先，在服务内容的深度上，应特别注意扩充知识内涵，实施知识挖掘与知识发现，使原有信息和知识得到系统化、综合化、深入化，产生针对性和适用性更强的再生知识，实现知识资本的更新、整合和增值；其次，在服务内容的广度上，应尽量扩展相关问题的知识涵盖面，充分利用图书馆现有的各种实体资源和网上虚拟资源（包括知识导航系统），依靠现代信息技术为图书馆提供知识面很广的信息服务和知识服务。在服务方式上，实行知识服务图书馆应在信息服务的基础上，开展知识服务。知识服务是建立在图书馆服务功能和专门知识基础上的一种价值取向，不再是以规范化的信息资源收藏和组织为标志，而是以灵活的服务模式充分利用和调动知识工作者的智慧进行的特定问题的分析、诊断解决为标志。知识服务方式多种多样，包括基于分析和基于内容的参考咨询服务、专业化信息服务、个人化信息服务、团队化信息服务、知识管理服务等。需要指出，知识服务并不排斥以藏书建设、文献编目、文献检索、文献流通阅览为基础的传统服务，只不过这些服务将不再体现图书馆的核心能力、专业取向和标志性内容，将主要作为辅助性的后台服务来支持知识服务。

运用人力资本理论培养能胜任知识管理的知识型馆员，对此指出：21世纪现代图书馆工作重心将从“书本位”向“人本位”转移、业务重心从第二线向第一线转移、服务重心从一般服务向参考服务转移。图书馆员是实现这些转移的关键。但怎样提高馆员的知识和技能呢？在此我们认为，应加强人力资本管理，培养能胜任知识管理的知识型馆员。这里强调人力资本管理而非人力资源管理，是因为人力资本不同于人力资源，这体现在以下几方面：（1）理论视角不同。人力资源是指在一定范围内的人口总体所具有的劳动能力总和。通常，我们用一定范围内具有为社会创造物质财富和精神财富的、从事智力劳动和体力劳动的人的数量和质量来表示。人力资本是指通过一定的投资形成的，存在于人体中的能力和知识的资本形式，强调以某种代价获得能力，而付出的代价会在人力资本的使用中，以更大的价值得到回报。（2）起源时期不同。从历史的角度看，先有人力资本理论，后有人力资源理论。人力资本理论是人力资源理论的基础和重点。（3）外延不同。人力资源是一个宏观的、概括性的范畴，具有层次性，既包括自然人力资源，又包括经过培训才能上岗的从事复杂劳动的劳动者的能力和知识。而人力资本仅指复杂劳动的能力和知识。（4）强调重点不同。人力资源只注重劳动的量，却忽视了劳动的非同质性。而人力资本却强调劳动的非同质性即劳动力素质。以人力资本管理理论为基础培养知识型馆员将从一个崭新的角度来创新图书馆管理。所培养的知识型馆员应该具备胜任知识管理的以下基本素质：（1）具有了解知识和信息的特征、结构、媒体的知识；（2）具有收集、组织、保存、利用知识和信息的能力；（3）拥有信息技术知识（IT literacy），即知道怎样运用合适的技术为目标用户捕获、分类和传播信息与知识，以及怎样把知识转化成集中化的员工数据库来存取；（4）具有敏锐的和善于分析的头脑，能从多种角度了解用户需求；（5）具有很强的自学能力、概括能力、理解能力、语言表达能力、写作能力和创新能力。

五、图书馆知识管理对图书馆文化的创新

图书馆知识管理要求建立一种与之相适应的知识共享文化。它的核心价值如下：一是相互信任。即领导与员工之间、员工与员工之间、员工与用户之间的一种信任关系，因为它是图书馆实施知识管理的基础，如果双方互不信任，各自只

考虑自己的利益，员工或用户就不可能将自己的隐性知识贡献出来与之共享。而这种相互信任关系是建立在管理过程的开放和透明，管理决策的公开、公正和民主，以及员工对管理目标和价值观的认同上。二是开放式交流。由于任何组织90%的知识都存在于员工的头脑中，释放这些隐性知识是知识管理的一个重大挑战。员工可以通过使用类推、暗喻和讲故事等多种方式来进行充分交流，共享他们的经验与知识。三是互动式学习。图书馆可以利用Internet和Intranet构造学习平台或专用知识网络，并通过这个学习平台把员工和用户联系起来，使他们能随时随地接受来自图书馆或员工/用户间的信息与知识。四是知识共享。图书馆应该吸收那些愿意并有能力参与合作与共享的员工、用户来组建图书馆的知识库，通过该知识库实现知识共享，使知识共享成为图书馆内部结构的一部分。五是鼓励创新。图书馆不仅要建立知识创新的激励机制，而且要容忍创新失败，允许奇思妙想付诸实施。这种知识共享文化必将全面创新图书馆文化，同时也为图书馆实施知识管理提供了一种氛围。

建设这种知识共享文化的措施包括培养员工的知识共享意识。图书馆可通过多种方式培养员工的知识共享意识，如通过人员培训传送知识共享信息，通过一系列的庆典礼仪等创建知识共享氛围等。建立知识共享的技术基础，如建立图书馆网站及Intranet来快捷地进行知识交流。建立知识库。在图书馆的Intranet上建立知识库是实现知识共享必不可少的，其内容至少包括图书馆的人力资源、主要用户资源、先进的工作经验与技术、图书馆工作职位需要的技能和评价方法等。发挥高层管理者的示范作用。图书馆高层管理者可通过自身行为来强化员工的知识共享意识，如高层管理者同员工进行网上业务交流与指导。制定知识共享原则，如允许每位员工都能通过便捷的方式访问知识库、鼓励每位员工对相关问题提出意见和建议、提供24小时的上网服务、确保每个关键词都能在知识库中搜索、及时更换知识库中陈旧的知识、提供多种语言服务等。建立知识共享的激励机制，通过一系列奖励政策促进知识共享文化的构建。

第三节　数字图书馆知识资源管理

随着时代的发展，人类已经进入了信息时代，再加上数字图书馆的出现，使图书馆中原本局限地、孤立地散布于世界各地的文献信息资源通过网络汇集起来。如今数字图书馆的建设进程越来越快，越来越多的非数字化信息也都需要数字化、网络化，而信息资源的数字化和网络化使文献载体、传播方式、获取手段等都发生了巨大的变化。这些变化也为知识产权领域带来许多新的问题。在此，我们将围绕数字图书馆的建设来了解知识管理的内容，分析数字图书馆的知识管理功能，提出数字图书馆知识资源管理的运行机制，在管理与发展中解决在数字图书馆建设中所面临的一系列知识产权的问题，既要寻求法律保护，也要在图书馆与权利人之间建立利益的平衡机制，最终实现教育公众并满足其对知识的渴求，达到服务人类的目的。所谓的知识管理，是指知识经济时代中一种全新的管理理念与管理模式，它已经越来越受到管理学界、经济学界和图书情报学界的重视。虽然其理论还不够成熟和完善，但这并不影响它在实践中的应用，许多国际知名大公司的实践，充分说明了知识管理产生的效果是十分明显的。与此同时，数字图书馆作为知识的载体在知识经济时代的地位将越来越突出，与知识管理的关系也越来越密切。

一、知识管理与数字图书馆

（一）知识管理的基本理念

所谓知识管理就是把知识的本质及知识之间的关系进行有序的揭示，并组织成结构优化的知识库，得以更好地提高人们对知识的利用率，促进知识的创新。知识的组织管理是多方面的，不仅要把显性的被编码的数据进行组织整合，同时还要对隐含在网络数据中的知识进行系统化的处理和利用，发掘出知识的内涵，按照不同学科、不同行业的知识资源建立起网络系统，进而对不同类型的数据库进行归纳、综合、比较、分类，更好地使知识在决策支持、智能查阅、信息处理与科学研究等方面发挥作用。在此，知识管理作为一种新的管理模式，它的优势和特征为：（1）利用人工智能和知识工程等领域发展起来的基于框架、规则、模型与本体等多种知识建模技术，可以分别发挥人与数据网格的特长，实现知识管理及智能推理的自动化。（2）知识管理模式与传统图书馆信息管理方式相比，知识管理模式更加强调管理隐性知识，也更促进隐性知识向显性知识转化。（3）知识是由信息组成的，也是信息上的“金字塔”，如果没有信息，那么知识也将只剩下“空壳”。因此，知识管理中的信息源更加宽广。这种对各类信息和各种介质的信息进行系统的梳理便成为知识管理的又一个显著特征。(4)知识管理模式是以人为核心的，其中非常重视人的管理，它起的作用也非常大。人是生产力中最为活跃的因素，在知识经济时代的今天，知识已经成为经济发展的原动力，人类的智慧成为创造财富的源泉，谁拥有了知识和智慧，谁也就拥有了无限的财富。所以说，提高人的素质、发挥人的创造力才是知识管理的重要内容。(5)知识管理的最终目标是创新。知识管理需要突破旧的环境和方法，以达到新的层次。创新的最终目的就是发展，只有发展才可以带来更广阔的前景、更为科学的发展途径和更为人性化的发展策略。

(二)数字图书馆的知识管理功能

所谓数字图书馆就是用数字技术处理和存储各种文献的图书馆，也就是指一种多媒体制作的分布式信息系统，将各种不同载体、不同地理位置的信息资源用数字技术存储，以跨区域面向用户的网络查询和传播的一个大型信息系统。数字图书馆的知识管理主要是通过对数字图书馆所拥有的信息、知识等各种要素在内的所有智力资本进行组织、开发和运营，最终实现知识创新、扩散与增值。数字图书馆的知识管理功能具体有知识采集、知识组织和知识开发三种。

二、数字图书馆对知识资源管理的运行机制

(一)设置知识主管

数字图书馆的知识管理与传统的图书文献管理有着本质的区别，它不仅管理了本馆“拥有”的实体资源，还管理了“存取”的虚拟资源，对隐含在各类数字化图书信息中的知识进行收集、加工、组织、传播的同时，还开发了图书馆员的智力资源。所以说，数字图书馆很有必要设置新的职务来开展知识管理的工作，更好地明确知识管理工作职责和目标。在数字图书馆中引入知识主管体制是可行的一种方法。设立知识主管的目的就是要在没有先例可循的情况下能够训练有素地丰富、支配和管理不断发展的知识信息中心和各项知识活动，这将是行之有效地运用集体的智慧提高应变创新的能力。数字图书馆知识主管一般由图书馆馆长担任，这里所说的职责主要包括了解图书馆自身的环境和社会知识的需求方向，并决定数字图书馆知识管理的政策及发展战略；建立和创造促进知识生产的技术

环境体系；保证数字图书馆知识产品技术服务设施的正常运行；监督保证知识产品的内容质量，保证其深度、风格与数字图书馆的发展协调一致；加强知识集成与知识创新，实现知识共享的目标；树立数字图书馆知识中心的地位和形象，主持各种学术交流与知识服务活动。

（二）组建任务小组

数字图书馆要想发挥得更好，必须按照自身运行规律设置数字化的管理与决策模式。如今，数字图书馆职能的扩展和服务内容都有所增加，相应的内部各部门合作也开始增多，这些都是为数字图书馆提供的需要[①]。其中，各部门人员都来自不同的部门，他们将会在同一个目标的指引下发挥各自的独特作用，以上组织的共同实践既是隐性知识在图书馆员之间共享的过程，也是图书馆员通过实践来丰富自己的隐性知识的过程。此外，这些人员也可以兼职为图书馆员，即数字图书馆根据项目的要求聘请专家学者、外语人才等，这样既缓解了数字图书馆在某一方面人才缺乏的矛盾，又有效地扩充了数字图书馆的隐性知识，还可以加快对快速变化的使用者需求及市场的反应。

（三）建立管理系统

数字图书馆强调管理系统的整体性与协调性，主要表现在：（1）人的方面。包括有用、有创造力的新员工，培训已有的员工，激励员工创造性地设计和创造性地工作。（2）技术方面。通过先进的技术手段，包括专家决策支持系统与超媒体和知识库等，以获取知识和实现知识在需要时的快速扩散传播利用。（3）组织机构方面。由传统的固定等级模式向扁平的网络模式转化。其中多采用临时工作组等其他形式，有效地增强对用户需求的快速反应能力。（4）文化建设方面。在数字图书馆建立起激励机制和围绕目标的合作精神及团队意识。（5）评价方面。评价主要来源于对知识的检测、评估，利用和管理好知识等方面。

（四）以人为本开展管理活动

在数字图书馆知识管理过程中，人与其他管理要素或对象是不一样的，是不可以通过各种方法和制度来加以管理和控制的资源主体，因为人是具有精神文化

---

① 张天俊，丁大可，张银犬，等.论知识管理与数字图书馆信息资源建设的优化［J］.中国图书馆学报，2002（03）：36-39.

属性的主体，是创造、传播、运用知识的主体，因而具有知识的人力资源是知识经济中最重要的资源。而知识管理则是当今社会中一种全新的管理理念，数字图书馆在引入知识管理的理念运作时，必须树立以人为本的观念，再从图书馆员需求的多样性与变化性出发，保证高素质的人才队伍才是关键。数字图书馆围绕知识管理目标而开展的相关活动主要有：使数字图书馆员工能共享、利用、管理与目标有关的知识；确定可获得知识的准确位置；确保知识在需要时能快速利用；探索数字图书馆新知识产品开发的有效手段；支持从数字图书馆外获取知识并提高消化吸收知识的水平；确保新知识在数字图书馆内能及时扩散。

三、知识管理在数字图书馆建设中的运用

只有将数字图书馆中的知识利用起来才是发展的最终目的。运用知识管理模式管理数字图书馆将提高数字图书馆管理信息和管理知识的能力，才会更加有效地促进信息的传播与知识的共享，具体包括以下四点。

（一）数字图书馆与知识采集

数字图书馆的知识采集是对已有知识的整理，也就是对数字化信息资源进行信息遴选、智能标引、分类、加工整理，并完成信息向知识的转换。数字图书馆的信息资源具体是数字化的文献信息、经过有序化整理后的网络信息资源等的一种电子化载体的信息。在一个图书馆中，就是馆藏资源数字化和社会资源馆藏化。数字图书馆的知识采集包括采集数字化文献信息和采集网络上的知识。采集数字化信息主要是将已有的、经过筛选的馆藏文献数字化，如电子图书、印刷型文献的数字化版、CDM和其他电子资料等，对数字化数据进行标引、加工存储和管理，同时可建立或购买数据库；采集网络知识，则是面对浩瀚的数字信息资源，根据数字图书馆用户的需求选择适合需要的信息。在此，对是否采集具有如下几个标准：学科、专题、语种、地域、类型等。

（二）数字图书馆与知识组织

这里的知识组织就是指把知识客体中的知识因子和知识关联表示出来，使人们能够更好地识别和理解知识。知识组织的目标即对知识资源进行整序和提供。具体到数字图书馆来说，知识组织就是通过对社会客体知识的整序、加工以满足

某种主观需要的过程。在数字网络环境中，信息的丰富与获取具有一定的困难，使用户形成对知识产品的强烈需求，数字图书馆为此采取了各种方式来组织知识，具体有文件方式、数据库方式、主题方式和超媒体方式等。

（三）数字图书馆与知识开发

数字图书馆的知识开发主要建立在知识组织的基础上，针对用户提出的要求和数字图书馆发展的特定目标，通过知识重组和知识再造，形成用户所需要的知识解决方案或适合市场需求的知识产品。而知识重组和知识再造则是数字图书馆知识开发的两个重要环节。其中，知识重组是指在预期的目标指引下，寻求知识间的内在联系及未来动向，形成动态知识系统的过程，是对相关客体中的知识因子和知识关联进行结构上的重新组合，最终形成另一种形式的知识产品的过程。这样做的目的是通过对知识客体的重新组合，为用户克服因知识分散而造成的检索困难提供索引的主向，使用户更好地理解和吸收知识，提供评价性或解释性知识；知识再造则是在知识重组的基础上，通过图书馆员的智力劳动，在现有知识水平、知识联系及知识未来水平预测的基础上形成新知识的过程。这种知识再造表现为决策所需求的知识方案、设计方案及知识产品。

（四）数字图书馆与知识传播

在知识传播管理方面，数字图书馆不仅要关注知识的组织与开发，而且还要重视知识的需求与应用。传统的纸质文献的传播已跟不上知识增长的速度，加上知识传播管理要以高品质的服务为目标。数字图书馆如何正确地将这些知识通过图书馆的目录和联机系统传播出去，已经成为数字图书馆面临的一个新问题。因此，在知识传播管理上，图书馆要以用户为主要服务目标，建立有特色的高质量的书目数据库、文摘数据库和全文数据库等知识存储体系，不仅要提供文本型信息，而且要提供多媒体知识信息。在此，所提供的信息既可以是顺序、线性的，也可以是非顺序、随机、网状检索的，用户在利用数字图书馆时将更方便。

总之，知识管理在社会中的作用将会越来越明显，促进知识的传播与共享已经成为数字图书馆的重要职能，数字图书馆本身既是知识的管理者，又是需要用知识管理模式来管理的实体。因此，知识管理对于数字图书馆建设具有重大意义，研究数字图书馆的知识管理也是非常必要的。

第四节　图书馆事业的可持续发展

近年来，由于体制不顺和经费短缺，导致图书馆人才大量流失、功能萎缩、信息服务的社会竞争力不强，图书馆的发展陷入了困境甚至面临生存的危机，社会上还出现了“图书馆消亡论”的说法。市场竞争是残酷的，优胜劣汰，适者生存，图书馆必须在困惑迷茫中寻求自己的生存和发展空间，以可持续发展理论指导自身，探寻可持续发展之路。

一、图书馆事业可持续发展的概念

可持续发展是近几年世界范围内专家、学者研究的热点问题。其本质是重新规范人类与环境的关系，充分考虑环境的持续再生能力，并将环境因素纳入社会经济、文化发展之中，促进环境与发展的协同进步。其基本含义是在满足当代人需要的同时，不妨碍后代人满足自身需要的能力。

可持续发展是一种全新的发展观，是一种关于人类发展的新的生存观、价值观和世界观。1962年，美国学者雷丹尔·卡尔逊（Rydell Carlson）所著的《寂寞的春天》一书，第一次提出了可持续发展之说。1987年联合国环境与发展委员会分别发表了《共同的危机》《共同的安全》和《我们共同的未来》三个纲领性文件，提出了“可持续发展”和“可持续发展战略”问题，成为可持续发展正式产生的标志①。从全面意义上来看，可持续发展包含着事物目标和发展模式的持续性、整体性和协调性，内容涵盖经济、文化、教育、科技、工业、农业、环保等领域，是各行业、各部门共同的发展战略思想。

图书馆作为社会的一种文化教育机构，肩负着收集、整理、典藏并开发利用文献信息，传播人类文明成果，提高国民素质，推动社会进步的重任，同时也是国家创新体系和社会主义精神文明建设的重要基地，其本身就是社会可持续发展的重要组成部分，同时面临着可持续发展的现实需要。国际图联（IFLA）2002年8月24日在英国苏格兰的格拉斯哥召开的第七十五届年会上，通过了《关于图书馆及其可持续发展的声明》。该声明指出：所有人都有生活在一个能充分满足其健康和财富需求的环境中的基本权利；承认为满足当前的需要而不降低将来的

① 李锡初.图书馆事业的“可持续发展”[J].图书情报通讯，1998（02）：18-21.

发展能力的可持续发展的承诺的重要性；坚持图书情报机构要依靠自由存取信息来提升可持续发展能力。

图书馆事业的可持续发展就是在可持续发展理论指导下，以保存人类知识为前提，遵循图书馆发展的客观规律，在自身发展过程中，通过不断改进服务方法、服务模式和技术手段，使其充满活力，以适应社会和时代的变化，将图书馆从文献收藏中心转化为信息服务中心，满足人们不断增长和变化的信息需求，推动整个图书馆事业健康、有序、持续地发展，使之能够与未来社会目标相适应并在两者之间形成良性的互动机制。

二、实现图书馆事业可持续发展的策略

（一）健全图书馆事业的管理制度

1.改革图书馆事业的管理体制

目前我国图书馆事业的管理体制是条块分割、各自为政，其弊端很多。这种体制已严重阻碍了我国图书馆事业的可持续发展。所以，要对管理体制进行改革、创新。根据我国的实际情况，可实行“中央统一指导，建立一个行业化管理机构；地方宏观调控，推行总馆—分馆制；图书馆具体管理”的管理体制。这样的管理体制较好：中央在全国性的立法和方针政策上给予指导，行业管理协会监督图书馆对法律的执行情况并制定图书馆工作的各种标准、规范、协调馆际项目的合作事宜等；地方政府建立统一的主管部门，可由省（直辖市、自治区）文化厅或教育厅统一管理全省（直辖市、自治区）的各类图书馆，统筹规划、组织协调、检查监督，但不干预图书馆的具体事务；图书馆作为一个实体，应实行馆长负责制，让其在法规的范围内行使职权，不受干扰，并把主要精力放在履行职能和事业的发展上。

2.加强图书馆事业的法治化建设

图书馆事业的可持续发展同经济社会、环境的可持续发展一样，仅靠自身努力是不行的，必须依赖强有力的外部支持和完备的支撑体系。长期以来，由于缺乏法律保障和规范，图书馆为多元附属型体制，使资源不能共建、共享，读者利益得不到保障，经费无法落实，而且造成大量低水平重复建设和资源的浪费。因此，图书馆法在图书馆事业的生存和发展中，有着非常重要的作用。通过立法手

段和与之配套的政策措施，确定图书馆的性质和社会功能，理顺图书馆内外关系，规定各级政府和全社会加强图书馆基础设施建设和财政投入的义务与权利，确认全国图书馆系统的责、权、利，确立图书馆事业的发展目标和规划，发挥国务院、文化和旅游部门及相关部门的职能和行政执法作用，以法律形式保证为人们提供最佳的业务标准、管理体制和行为规范，促使图书馆事业按照科学的规律发展，有效地激发内在活力，使其在充满竞争的社会环境中能够可持续发展。

3.完善图书馆的运行机制

我国图书馆事业要持续发展，就必须建立一系列先进的、科学的运行机制，具体如下：

（1）激励机制。人的行为是由某种动机引起的，而人的动机是可以激发的。我国图书馆界比较重视各种行政事务的管理，而忽视对人的激励，这是一个严重的管理缺陷。必须建立激励机制，充分调动职工的工作积极性和创造潜能。

（2）竞争机制。我国的许多图书馆管理者一贯认为，平静、稳定是图书馆的一种良好状态，殊不知一潭死水是没有任何活力的。长此以往，不用说其持续发展的能力，就是存在的价值也丧失殆尽。只有建立竞争机制，竞聘上岗，比业务技能，比为读者（或用户）服务的深度、广度、满意度，在图书馆创造一种你追我赶的工作环境，才有利于优秀个人和群体脱颖而出，有利于事业的可持续发展。在竞争中要坚持公开、公平、公正的原则，以便收到良好的效果。

（3）合作机制。图书馆间的合作是我国图书馆事业发展中需要迫切解决的重大问题。如果我国图书馆界不从“封建藏书楼”和“小农经济”的思想束缚中解放出来，图书馆事业的可持续发展是没有希望的。因此，必须加强馆际合作，建设图书馆网络，走资源共享之路要加强对合作的宣传，建立全国性和地区性的强有力的管理机构，如设图书馆协会或图书馆管理委员会，负责宏观的规划和协调，建立科学合理的能使多方接受的合作机制，成功的合作才会使图书馆事业走上可持续发展的快车道。

（二）不断提高图书馆的服务质量

美国图书馆学大师谢拉曾经说过：“服务，这是图书馆的基本宗旨。”为读者服务是贯穿图书馆发展的主线，是图书馆的核心价值。图书馆的价值体现在读者对它的利用之中。如果有一天，读者不再来利用图书馆了，也不再需要我们的服务了，那图书馆就得关门了，图书馆工作人员就要失业，图书馆事业的发展就要终止。

长期以来，我们的图书馆作为吃国家财政饭的事业单位，受计划经济体制的影响，大多数图书馆依然是平均主义、“大锅饭”、干好干坏一个样，职工为读者服务的积极性不高，服务意识淡薄。“读者第一，服务至上”只流于形式和口号，实际上是“以我为主”，各项业务工作并未真正体现读者的主体位置。我们从各种媒体报道中发现图书馆对读者阅读关怀的缺失，这已经导致了图书馆服务的危机——在图书馆活动过程中出现的读者信任危机，这极大地影响了图书馆的社会形象和图书馆事业的可持续发展。

图书馆事业要发展，必须在图书馆服务方面进行改革、创新，一些图书馆人所倡导的图书馆服务原则可以作为今后图书馆服务工作革新的指针。这些原则包括以下几点。

1.开放原则

（1）资源开放，即把图书馆的所有馆藏和设备向读者开放，馆与馆之间相互开放资源，实现馆际互借资源共享。

（2）时间开放，即最大限度延长读者利用图书馆的时间。如中国国家图书馆和上海图书馆实行“365天，天天开馆”。

（3）人员开放，即图书馆向所有人开放，不论其国籍、种族、年龄、地位都可以享受图书馆的服务。

（4）馆务公开，凡是与读者服务有关的决策过程及成果要向读者公开。建立读者参与管理、参与决策的机制，公开读者监督电话，设立读者意见箱，公开接受读者评价等。

2.方便原则

（1）馆舍位置要方便读者。图书馆的地理位置是否方便读者到达，是影响图书馆利用率的极其重要的因素。

（2）资源组织要方便读者。

（3）服务设施要方便读者。

（4）服务方式要方便读者。深入社区和乡村设立分馆和汽车图书馆，预约借书送书上门，是图书馆贴近读者、方便读者的有效服务方式。

3.平等原则

图书馆面前人人平等，是国际图联所倡导的图书馆界的“人权宣言”。“读者的权利不可侵犯”，应成为所有图书馆人铭记的职业信念。

4.创新原则

（1）理念创新。服务是一种品牌，一种文化，一种获得。

（2）内容创新。主要趋势是加大信息服务和便民服务的力度。

5.满意原则

这是图书馆服务各原则中的核心原则。它包括图书馆理念满意、行为满意和视觉满意。如果我们真正践履了图书馆服务的这些原则，就可实现图书馆服务上的可持续发展。

（三）加强图书馆资源建设

（1）根据读者需要决定采购方针，根据经费情况和时代的发展变化调整纸版、电子版、网络版图书期刊的比例。高校图书馆应建立学科馆员制度，由学科馆员征求院系专业教师意见进行采购。

（2）协调采购，实行资源共建、共享。国家图书馆作为全国的中心馆，应担当起全国的采购、编目和外借中心的重任；以省图书馆或重点高校图书馆为地区中心馆，统一使用经费，统一采购、编目、分配。这样既可以保证图书馆事业的均衡发展，又可以减少浪费，还可以增加购书品种。

（3）大力推行图书馆形象宣传活动，提倡社会人士向图书馆捐款、捐赠文献，这不仅可以丰富图书馆资源，而且可为图书馆的持续发展创造一个合作、理解、关心、支持的外部氛围。

（四）建设一支高素质的图书馆人才队伍

（1）紧扣时代脉搏，全面规划图书馆学与信息管理学教育课程；加强培养各主题、各类型图书馆资讯服务的专业人才；加强专业知识技能与服务伦理的培训，建立图书馆专业服务新形象；在图书馆学系、信息管理系开设在职训练课程，提供多元文化在职进修渠道，鼓励从业人员接受学历、学位继续教育，全面更新在职人员专业技能。

（2）制定图书馆员专业伦理守则，提高图书馆员的职业道德水准。

（3）树立人本管理理念，充分发挥图书馆员的潜能，让最合适的馆员担任最合适的工作；保障图书馆员“当家做主”的权利，鼓励他们参与图书馆管理，为图书馆事业的发展出谋划策；注重优秀专业人才特别是信息技术、网络技术人才的引进，给他们以施展才能的空间和机会。

（4）实行图书馆员职业资格证书制度。

（五）加大信息技术的应用力度，加快信息资源网络化的步伐

要实现图书馆的可持续发展，必须应用信息技术，扩大信息资源的传播范围，打破地域局限，吸引更广泛的读者利用馆藏。随着信息技术的迅猛发展以及以“信息高速公路”为标志的现代信息网络的建立，图书馆将突破“实体的”局限，朝着虚拟的、网络化的方向演变。电子图书馆、虚拟图书馆、无墙图书馆、数字图书馆就是未来图书馆的发展方向。因此，图书馆要依托现代信息技术和网络，积极调整文献信息资源的结构，加大电子文献的采购比例，收藏重点放在多媒体及网上信息资源的建设与开发上，收藏利用范围不再局限于馆台现存，而是扩大到整个网络，实体与虚拟并重，通过联机文献信息网络引入电子资源，建立虚拟馆藏，变静态收藏为动态收藏加网上获取，组建文献信息资源共享体系，使网络成为信息资源的主要储藏空间和提供文献信息的主要渠道，实现馆藏的可持续发展。

综上所述，我国图书馆事业的可持续发展问题关系到方方面面，需要图书馆界和社会各界达成共识，明确图书馆事业面临的机遇和挑战。为了未来的发展，必须在管理体制、运行机制、服务理念、资源建设、人才队伍、技术应用等方面进行调整、改革、创新，以彻底改变图书馆目前的处境，发挥图书馆的社会功能，保证图书馆在信息提供领域的优势地位，从而引起社会的重视。如果人们不仅把图书馆当作一个获取知识信息的场所，还把它当作一个休闲娱乐之地，人们的生活、工作和学习都离不开图书馆，那么，图书馆的生存空间就会无限扩大，图书馆事业的可持续发展也就水到渠成了。

第五节　图书馆事业的行业化管理

一、发达国家图书馆的行业化管理

在英、美等发达国家，很重视对行业的专业化、社会化管理，推崇“小政

府，大社会”的管理思想，因此，各种行业的协会组织数量众多、功能强大、影响广泛。

英国图书馆界最大的专业性组织是图书馆协会（LA）。它成立于1877年，一开始就注重图书馆员的教育和培训工作，编辑出版图书馆专业刊物，参与有关图书馆的标准、条例、指南的编纂及其颁行工作，并在促进英国图书馆界的合作、制定图书馆法等方面作出了很大贡献。英国图书馆协会还在国际图书馆界发挥了重大作用，它在1927年促成了国际图书馆协会和机构联合会（IFLA）的成立，并多次主办IFLA会议。美国图书馆协会（ALA）成立于1876年，它是世界上最大的图书馆协会之一。ALA努力维护图书馆工作者的职业地位，促进大众对图书馆服务价值的了解和认可，向联邦机构提出有关扩大图书馆服务的立法和法律实施的建议。纵观英、美图书馆事业的行业化管理，可以看出，它们都是具有严格的规章制度和正规化的组织结构的协会，依靠图书馆法及其他有关法律与政府发生关系，代替政府行使图书馆行业管理、组织与调控职能，对图书馆事业的社会地位的维护与提高、社会良好形象的树立、行业规范与标准的制定和监督执行、从业人员的教育培训、图书馆事业的可持续发展等都发挥了核心作用。它们是我国图书馆事业在市场经济条件下实施行业化管理的极好范例。

二、我国图书馆事业实行行业化管理的必要性

今天，全球性信息数量的急剧增长和信息载体的多样化，使任何图书馆都不可能拥有所有知识信息，在满足读者需求方面都感到力不从心。美国学者S. K. Baker在《资源共享的未来》一书的前言中说：“今天的图书馆正生存在一个相互依赖的时代。每一个图书馆都必须将自己视为世界图书馆体系的一部分，必须摆脱自给自足的状态，必须迅捷地从世界图书馆体系中获取资料并送到自己用户手中，必须随时准备将自己所收藏的资料提供给世界各地的其他图书馆。”所以说，图书馆事业发展到今天，图书馆行业内部的合作已不再是一种选择，而是一种必需[①]。

（1）我国目前已由计划经济转入社会主义市场经济，全国上下各行各业都在进行（或已经进行了）改革。随着管理体制、人事制度等方面的改革不断深入，各行业之间的竞争也日趋激烈，不改革就没有出路在这种社会大环境下，图书馆

① 张睿丽.数字图书馆资源管理与建设［M］.长春：吉林人民出版社，2019：96–103.

事业的管理改革在所难免。

（2）中国加入世界贸易组织后，全球经济一体化、网络化在许多问题上都将会影响或波及图书馆的管理和服务，这给我国图书馆事业既带来了机遇，也带来了挑战。为了积极应对这种挑战，图书馆界必须走统一、联合、发展之路，形成“大图书馆”意识，才能把握机遇，面对未来。

（3）“以人为本”的管理理念深入人心。以人为本，就是要把人民的利益作为一切工作的出发点和落脚点，不断满足人们的多方面需求和促进人的全面发展。所以，我们在图书馆管理中吸纳人本管理思想的精华和人性化管理理念，最大限度地、最高质量地满足读者的阅读需求是大势所趋，也是图书馆事业行业化管理应追求的目标。

（4）知识经济带来的观念更新为图书馆事业的行业化管理创造了良好的软环境。这些新观念为：一是合作和谐观；二是互为依存观；三是资源系统观；四是知识价值观；五是人才第一观。

三、我国实行图书馆事业行业化管理的策略

我国要实行图书馆事业行业化管理，首先要打破旧的管理体管理机制和组织机构，建立新的适应时代发展的先进的管理体系。其策略如下。

（一）统一的原则

这包括统一的领导机构、统一的规划、统一的行业标准、统一的规则。无论是全国性的或是地区性的行业化管理，都要由一个统一的组织机构来履行管理职责。行业化管理的目标是合作、共建共享、共同发展。其管理机制有两种类型：一种是利益机制，认为只有在互惠互利的基础上建立起自我生存、自我发展的运营机制，才能使文献信息资源共建共享健康地向前发展。采用这种机制的行业化管理一般选择竞选的方式组成协调机构，如OCLC就是通过竞选的方式组成共同体的常设管理机构。另一种是民间行为、政府推动机制，这种机制一般是由政府牵头，组成共建共享的领导机构，或政府指派某一机构组成协调管理部门。前者如上海地区由市政府牵头成立的上海地区文献资源共建共享领导小组，后者如教育部指定北京大学图书馆作为中国高等教育文献资源保障体系的管理中心。这个统一的管理机构一般要履行的职责是：维护网络的正常运行，制定各种规划、政

策、规范和标准。

（二）联合的原则

再大的图书馆也不可能拥有世界上所有的文献信息资源，必须走行业化联合的道路，才能实现资源的共享。1996年上海图书馆和上海科技情报所正式合并，这一惊人之举震撼了全中国的图书情报界，它实现了图书情报管理体制一体化，实现了地区行业联合的零的突破。馆、所合并后，上海图书馆新馆的综合服务能力大大增强了。中国国家图书馆与清华大学、北京大学、中国科学院、科技部情报所等几个单位也签订了联合协议，实现了联网。我国图书馆界可以以此为参照，先实行地区性或系统内的联合、联网、资源共享，逐步发展为全国范围内的资源共建共享网络，实现全国性的图书馆事业行业化管理。

（三）法制原则

系统而完善的图书馆法是图书馆事业实现行业化管理的前提条件和保障。发达国家对图书馆的布局建设、经费来源及数量、服务等诸多方面都有法律上的明确规定，这就从法律上保证了图书馆管理功能的实现。而我国至今尚无一部正在生效的全国性的图书馆法，虽然颁布了一些地方性图书馆法，但其作用毕竟有限，所以我国应加快图书馆法的立法工作步伐，尽快为实现图书馆事业的行业化管理提供强有力的法律保障。

（四）重视图书馆协会、学会、委员会等民间组织的作用

在我国当前大改革的形势下，政事分开、精兵简政的机关机构调整趋势，使图书馆界提出的建立新图书馆行业管理模式，即新设一个国家级的图书馆事业职能管理部门的愿望变得不现实。纵观欧美发达国家的图书馆事业管理体制，也少有依靠拥有中央集权的行政管理部门来统管全国图书馆事务的。借鉴英、美的管理模式，在以分散为主的管理体制中，图书馆协会可起到行业整合的功能。

我国图书馆界的一些有识之士认为：我国的图书馆事业应建立集中与分散相结合的管理体制，即各级各类图书馆原则上由各级政府或所属部门给予经费保障，国家对图书馆事业的集中管理主要体现在业务规范、行为约束、发展政策等方面。根据图书馆协会（或学会）应有的功能，国家可以将这部分集中管理与宏

观调控的职能委托给学会和协会执行。协会和学会能够承担管理协调全国图书馆事业及组织图书馆学研究的双重任务。我国已有中国图书馆学会，也可再成立中国图书馆协会，专事图书馆之间的合作、协调、信息资源共建共享的事宜，而学会重在图书馆学研究、评估、建议，两者相结合，共同促成我国图书馆事业的行业化管理，推动我国图书馆事业健康、快速发展。

第五章　大数据环境下数字图书馆的服务创新

第一节　数字图书馆服务模式

在21世纪，人类社会正面临知识经济和信息社会的急剧变革，世界各个角落的人们都强烈地感受到新时代的冲击与震撼。知识更新经济时代和网络时代的一些特征，已经深入人们的社会生活中。知识经济是以知识更新为基础的经济，这个经济直接领先于知识更新和信息的生产、扩散和应用。

中国在迈向第三步战略目标的进程中，提出迎接知识经济时代，建设我国国家创新体系，提高国家创新能力的奋斗目标。根据建设我国国家创新体系的构想、任务和目标，已经提出和实施了《知识创新工作》《技术创新工作》《211工程》以及国家其他重点科技计划，形成建设国家创新体系完整的总体战略布局。国家创新系统的主要功能是配置新资源，协调国家创新活动。国家创新资源配置中包括创新信息服务体系和创新资源的分配体系。图书馆在未来几年的发展中，应成为国家创新信息服务体系的组成部分，发挥依靠基地的作用。

图书馆作为社会重要的信息资源基地，国家信息基础设施和资源的提供者，对信息化、网络化浪潮的冲击更为敏感。现代技术的迅猛发展，全球网络化浪潮的兴起，一个以计算机技术、网络通信技术、光纤技术、数字卫星技术为主要信息传输载体的社会基础设施的新的信息环境已经在我国形成。

图书馆是社会需求的产物，其责任就是为社会提供服务。图书馆的社会价值是通过服务体现的。在知识经济成为社会经济的主流，社会经济结构开始发生变化的时候，社会需求发生较大的变化，知识总量的不断增长，知识领域不断扩展，用户自身结构也随之发生变化，从整体上开始从劳动密集型向知识密集型转变。用户信息需求不断增加，使网络环境下图书馆的存在形态发生了变化。图书馆在信息资源采集组织加工、信息服务、管理模式等诸方面将发生更深刻的变革。

一、传统图书馆服务模式的特点

传统图书馆主要收藏以纸张为载体的信息，它的服务必然围绕着纸张文献和图书馆馆舍展开。中国图书馆由于受封建时期皇家图书馆、古代藏书楼的影响，图书馆和图书馆文献是为少数人服务的。

图书馆的藏书是以保存为主，形成了“重藏轻用”“重管轻用”的办馆思想，往往把读者放在次要位置。图书馆设施的建设也是以更好地保证藏书、管理藏书为重点，可以说传统的图书馆在服务模式、服务观念、服务结构、服务组织、服务重点等方面形成了特有的规律和特点[①]。商品化上服务模式相对单一、服务方法简单，主要有以下几个方面。

（一）封闭型建设模式

由于传统的图书馆受不同时期社会政治和经济发展的制约，在发展过程中与社会的接触是受限制的，可谓自我封闭的内向型。形成“小而全”“大而全”“备而不用”“万事不求人”的自我封闭的图书馆服务模式。每个图书馆都试图建立自己的比较完善的服务体系。例如，我国的国家级图书馆有国家图书馆、科学院图书馆、社科院图书馆、科技情报所、军事科学陆军图书馆、全国地质图书馆等。每个省市都有各省市图书馆和省市科技情报所。另外有大专院校系统、军队系统、工会系统图书馆等。又如藏书建设中，自我发展，限定服务对象和范围。致使某种外文期刊，在一个地区订购几十份，既浪费资金又利用率极低。由于每个图书馆受所属领导机构的管理体制的限制，加之资金有限、人员有限、服务有限，不能充分发挥文献信息的作用。

（二）公益性服务

我国图书馆的公益性，是随着近代图书馆的产生而形成的。国家图书馆于1912年正式开放，免费向公众服务。中华人民共和国成立后，兴建了大量图书馆，所有经费由国家提供；图书馆完全是公益性的。这种做法为我国的图书馆事业的发展提供了可靠的保证，但也带来了许多弊病，任何业务的开展都向国家要投资。同时计划经济中的人浮于事、效率低下等问题，在图书馆业务中也普遍存

---

① 范曜晖.大数据背景下数字图书馆服务模式研究［J］.兰台内外，2020,（07）：72-73.

在。随着我国市场经济的发展，社会对图书馆需求的扩大，仅依靠国家一方的投资，已不能满足社会的需求。

（三）被动型服务方式

传统图书馆的服务一般是等读者上门，所有的服务基本是以图书馆为中心，可谓是围绕图书馆馆舍展开的。图书馆的指导思想是尽可能把藏书收全，服务设施齐全，有比较舒适的环境。主要服务方式是馆内阅览、书刊外借、文献复制、参考咨询等。图书馆满足于书刊的借借还还、取取归归的服务方式。由于机制、经费、人员、设备、服务工作有许多局限性，同时也束缚了服务人员的思想，缺乏主动服务的精神。

（四）单纯型服务对象

传统的图书馆面向比较固定的读者群，主要对到馆的读者服务，服务对象集中在科研单位、大专院校、国家机关。公共图书馆有自己的读者群，高校图书馆有自己的读者群，专业图书馆也有自己的读者群。由于图书馆服务模式，培养了传统图书馆的用户。他们习惯把获取信息的主要渠道和方式仅仅放在图书馆，获得信息的方式和渠道比较单一，图书馆可提供的服务方式也比较单一。许多图书馆对书刊的利用率、读者借阅的满足率、服务效果从不过问，把图书馆办得像行政办事机构。

（五）浅层次文献型服务

传统图书馆以收藏、加工、保存图书、期刊、资料等纸张为载体的文献信息为主。首先，向读者提供原始文献，文献流通方式是一本图书、一种期刊、一份报纸。其次，为读者提供馆藏专题文献，馆藏专题文献又是以一次文献、二次文献的信息单元为主。对文献信息的深圳特区加工做得很少，一切业务工作都是围绕文献开展的。

（六）劳动密集型文献管理

图书馆工作人员对文献的加工，主要是对整体文献的加工和处理，也可称为“粗加工”，例如，图书以整本图书为著录单元，期刊以一种刊物为著录单位。

工作人员从事书刊的采编、加工、入库、管理、主要是从事重复性劳动，工作烦琐，劳动强度较大。衡量一个图书馆服务工作的效果，往往是以图书的流通量作为唯一的标准。每一个图书馆以收藏和占有文献的数量，作为图书馆级别的标准。从一个图书馆整体运作而言，以劳动密集型为主。

（七）机关型结构

图书馆隶属于不同的行政机关。图书馆的办馆方向、业务发展、采访方针、读者对象、人员和经费均由上级机关确定，图书馆必须对上级机关负责。因此，图书馆办成了行政办事机关，往往与社会的需求、政治经济的发展脱节。

二、网络环境下图书馆服务模式的变化

“信息高速公路”的出现，网络信息资源的出现，彻底摧毁了“田园式”的传统图书馆模式，也给图书馆的自下而上发展空间带来了新的契机。在知识经济时代，社会生产对知识的需求越来越强烈，传统图书馆的服务方式受到严重冲击，促使传统的机制、运作在发生根本性的变化，新型服务模式的雏形已出现。图书馆服务工作从满足书刊代阅的文献需求为主，转变为以满足知识信息需求和知识开发服务为主要功能的模式。网络环境下图书馆服务形成了新模式，其主要特点具体如下。

（一）开放型服务模式

图书馆开始突破围墙，跳出固定场所，主动接触社会，摆脱了传统文献处理的限制，在信息的采集、加工、组织、服务方面，面向网络环境，以新的方式组织、控制、选择、传播信息建立了辐射性的开放服务系统。例如，国家图书馆利用网络环境和设施，扩大读者范围和领域，在电子阅览室开展各项网络信息服务，每天上网浏览图书的读者已达50万—60万人次，是每天来馆读书的读者的几十倍。

（二）有偿服务与无偿服务相结合

在市场经济条件下，图书馆为了更好地为社会服务，满足读者的信息需求，在完成公益性服务的同时，开展各种类型的有偿信息服务，已经得到社会和读者的认

可。不仅可以弥补国家投资的不足，也可以促使图书馆有自我生存的自身发展能力。

（三）主动型服务

面对社会的信息需求，图书馆的服务已经开始走出图书馆，面向社会、面向需求、上门服务。在做好“阵地”服务的同时，工作人员主动与用户联系，了解需求，采用新的服务方式，主动为读者服务。例如，国家图书馆上海图书馆、广东中山图书馆的剪报中心，主动与大中型企业联系，了解信息需求，编辑专题剪报，提供信息服务，收到较好的社会效益和经济效益。清华大学图书馆聘用专业人员为学科馆员，提高信息资源建设和信息服务质量，主动为教学科研服务。

（四）针对型服务

随着社会的发展，信息社会的建立，图书馆开始打破传统服务模式，紧密地配合社会需求，提供特色服务，有针对性的服务，不断提高读者的满意度。例如，国家图书馆强化为政府立法决策服务，在近两年的全国“两会”期间，24小时全方位服务。近期与国家机关和各部委图书馆联系，提供各种信息服务，主动提供政策法规方面的专题咨询服务。上海图书馆主动向政府机关定期提供城市建设、市场发展等宏观决策性信息。浙江图书馆针对本省的经济发展，主动为大型企业服务，提供信息咨询服务。

（五）多样型服务

现代图书馆以用户为中心，需要什么就提供什么，摆脱传统的服务方式，摒弃单个、重复、被动、琐碎的手工服务。把服务模式从“单纯服务型”转变为“服务经营型”，把服务推向市场，开展信息的深加工，如代查、代检索、代翻译、人办手续、代复制、联机检索、光盘检索、联机目录查询、网上专题信息服务等。提供信息资源的范围和载体更广泛。图书馆从文献资料的收藏者和提供者，转变为信息产品的生产者、开发者和提供者。例如，天津图书馆、北京市东城区图书馆实行的会员制借阅方式，国家图书馆为政府机关、重点大学送信息上门。

（六）知识密集型劳动

信息社会需要信息的深层次加工，图书馆开始从以文献单元的加工，转变为以知识单元为主的加工，图书馆的服务工作将从借借还还的服务，转变为多层次信息咨询服务，有更多的工作人员从事信息的组织，直接参与市场，成为信息技术的中介，在信息服务的每一个环节增加智力投入。产生的新型图书馆信息服务人员，被称为“网上信息员”“网上导航员”“网上冲浪员”。例如，国家图书馆的信息服务人员在网上提供各种类型的文献信息，为各种专业网络公司提供专题信息。信息服务人员已经从简单型劳动转向智力型劳动。

（七）产业型服务机构

随着市场经济的发展，原有的公共图书馆、专业图书馆、学校图书馆等机构从单纯公益型向以公益型为主、经营型为辅的服务机构。新型的信息服务机构，以生产和经营信息产品为主，出现以经营型为主的服务机构。例如，中国科技信息所的万方数据公司、深圳图书馆集成软件公司等。

三、网络环境下图书馆读者服务工作的发展趋势与对策

在网络环境下知识信息需求的特点是：知识信息需求的全方位与综合化，知识信息需求的开放化与社会化，知识信息需求的电子化与网络化，知识信息需求的集成化与高效化。社会的需求促使信息机构的总体发展趋势是向信息增值型、信息产业化、信息服务化、精密化发展。传统图书馆，文献收藏的数量，传统图书馆的服务方式是以面对面的读者借还图书，提供口头咨询为主。现代图书馆拥有掌握和利用电子技术的水平和专业人员，获取信息和利用信息的能力，不受馆藏的限制，对图书馆的服务起着决定性的作用。图书馆的服务已经开始以远程通信的网络应答式提供。

从总体上来讲，图书馆的服务模式的转变主要有以下几个方面：图书馆的服务观念；从“读者服务”转向“协调、合作、共享”。图书馆的服务形象：从热情、周到的“服务员”转变到迅速、方便的“信息导航员”。

（一）网络环境下我国图书馆服务工作的发展方向

（1）利用图书馆的整体化优势进行图书馆网络的优化组织与协调，使互联网的信息服务功能在图书馆网络化服务中充分实现，促使互联网上的电子信息资源成为图书馆信息服务的有机组成部分。

（2）国家应该从宏观上有计划、有组织地协调我国图书馆网络与科技教育、经济等专网有关系，在国内实现更大范围的信息资源共建共享。

（3）强化网络条件下图书馆的文献信息资源建设，实现网络资源配置的优化，网络信息资源的二次开发与综合信息服务。有计划分期分批建立不同类型的数字图书馆，促使更多有中国特色的数据库在网上服务。

（4）实现图书馆网络化和知识信息的社会化管理，建立网络化信息保证组织和体系，建立健全信息管理的规章制度，建立健全信息法、数据库法，确保网上信息的安全和正常使用。

（5）图书馆利用自己“社会大学”“没有围墙的大学”的特殊环境，有意识地通过网络和计算机技术，培养中国读者的信息素质、信息意识能力。

（6）加强与世界各国图书馆网络化服务的国际合作，学习先进国家的信息技术，熟悉和掌握各国信息资源的特点。加强与世界各国图书馆在信息服务方面的合作，加快中国信息资源数据库的建设，向全世界展示中文信息，把世界上更多更好的信息介绍到中国，更好地为我国的读者服务。

（二）网络环境下我国图书馆服务工作的对策

1.树立文献信息资源共享的观念，宏观协调，分工合作

在网络环境下，我国的图书馆服务模式，由于原有的格局分布，必然是多中心、多系统、多层次、多类型的局面，因此，在网络环境下更要强调分工协调，资源与信息的网上共享，网上服务共享，避免各自为政。例如，在书目数据库建设中，已经存在重复建库，浪费大量资金和人力，许多数据库的建设中不要走老路，国家有关部门要宏观干预，分工合作。

2.强化网络环境下图书馆信息资源的增值服务

提高信息的使用价值，要提高信息本身的价值，有偿服务与无偿服务相结合，提高服务质量、社会效益与经济效益并举，图书馆要通过服务，满足社会的需求，提高服务的技术含量，扩大服务的效果和服务的能力，使人们在网络和信息时代离不开图书馆的服务。图书馆要利用自己占有信息资源，快速进行信息加工的能力的优势，利用网络环境，对电子资源进行浓度分析与重组，提供信息增值服务。图书馆服务人员要掌握信息源，了解信息资源和信息网络的分布状况，熟悉网上信息机构，更好地组织网上信息，为读者服务。

3.探索网络环境下图书馆服务的新模式

网络环境为图书馆的服务提供了得天独厚的良好机会，图书馆应抓住这个机会，对信息资源的收集、加工、整理、服务赋予新的内容和方式。图书馆的整体组织、人员安排、业务流程都要不断适应网络环境的要求。传统的服务方式可以利用网络环境来发现新的效益。例如，图书馆的查询外借预约、馆际互借等服务，可以通过网络功能实现。同时利用网络的技术优势，拓宽服务领域。例如，信息资源不仅仅是采访部门的事，参考咨询人员要参与信息资源的收集，原来的图书馆分工被打破。图书馆服务工作和信息服务人员将越来越重要，“网上信息冲浪员”“网上信息标引员”“网上信息导航员”，将会成为新型的图书馆服务人员。

4.培养网络环境下的新型的图书馆服务人才

实现网络环境下对图书馆的服务提出高水平、高质量的要求，必然对图书馆员的知识结构提出新的更高的要求。在信息服务的服务过程中知识和技术含量加大，向智能化发展，图书馆从事读者服务工作的专业人员在工作方式、工作价值、工作效率、工作成果等方面将发生质的变化。现代图书馆必须有适合网络环境的专业人才。这是关系到提高整体服务水平的关键问题。组织、设备、资金、机构的落实可以说是硬件，在短时间可以达到，但人才问题就是几年、十几年的问题。因此，国家要在宏观计划中，注意人才的培养。图书馆在人员的使用中，要注意发挥专业特长，培养一批新型的网络环境下的信息服务人才。

第二节　现代图书馆专业化服务

一、专业化服务的背景

图书馆事业发展到今天，其专业性和技术性日益增强，社会作用和地位也越来越重要。因此，图书馆的服务也要随着时代的发展不断创新，以适应与时俱进的时代要求，为社会的发展创造更大的效益。现代图书馆的专业化服务主要针对的是高校图书馆的适用环境，本节以高校图书馆为例进行专业化服务的分析与研究。

（一）以专业化服务为核心的高校图书馆服务新模式

长期以来图书馆服务是被动地坐等读者的服务。图书馆按文种、按文献载体形式组织信息和开辟书库以及阅览室，如古籍、外文图书、中文报刊、外文报刊、非书资料或视听资料、电子阅览室等。我开馆，你上门；我等待，你提问；读者索要，馆员查询。这就是传统的综合性的服务模式及其特点。在我国，自古至“文革”以前少有变化。“文革”以后出现了少量按读者群划分的阅览室和陆续发展的参考咨询服务。按读者群划分的阅览室，如有教师阅览室、研究生阅览室等，但这些均属传统服务模式的范畴。

近几年来，在信息咨询服务的基础上出现了一种新的服务模式，即个性化服务。个性化服务以人的个性特征为前提开展服务。人的个性特征包括个性需求千差万别，发展个性化服务是社会的必然需求。但在过去传统服务的条件下发展个性化服务是不大可能的。数字图书馆和网络环境为此提供了物质保障和技术条件。国外已研制出专门的服务系统，如My library系统等。用户可以从图书馆网站选择所需信息组织在该系统中，以后访问该系统可以不断获得与此相关的新信息。不过，个性化服务还应包括手工式的个别性服务，然而目前个性化服务被广泛确认为是一种网络化的自动的文献信息检索服务，因此，它与专业化服务还有很大差别。

专业化服务可以说是介于综合性服务和个性化服务之间的服务模式。个性化服务与综合性服务相对应，而专业化服务并不是两者的中和。专业化服务强调学科专业需求，积极利用各种形式和技术开展对学科专业读者的服务。专业化服务本身就是一种新的服务模式，同时，以此为核心，以综合性服务为基础，以个性化服务为侧翼，则构成了高校图书馆整体服务的新模式。

在信息资源以空间数字化、网络化形态存在和交流的现代信息环境下，以藏书建设、文献编目、文献检索、文献流通阅览为基础的传统图书情报服务，基于此，提供宽泛信息资源的网络化信息服务，随着网络信息资源的迅猛发展，知识本身的急速老化以及学术信息交流体系的重组，虚拟信息系统的发展，信息检索和传递的非中介化、非智力化、非专业化，已失去其标志图书情报工作核心知识和能力的优越地位，代之以有效支持知识应用和知识创新为终极目标的新兴知识服务。知识服务以其服务资源的数字化、共享性；服务内容的知识性、专业化；

服务技术的集成化、智能化；服务模式的网络化、虚拟化；服务对象的针对性、定制化；服务人员的专家化、团队化；服务行为的主动性、自觉性；服务过程的交互性、持续性；服务产品的应用性、增值性；服务目标的创新性、高效化；服务手段的先进性；服务速度的快捷性等诸多特质，日益成为图书情报工作核心知识和能力定位的新标杆，成为图书情报机构存在的理由、必然和必须。这对图书情报工作来说，既是机遇，更是挑战。对于为学科发展日趋细化的专业研究，提供精深细致的专业化知识服务更是势在必行。高校作为知识高度密集地，专业众多、信息资源丰富、专家学者云集、信息技术力量雄厚、信息化程度极高，处于教学科研、传承创新人类知识的前沿，对专业化知识服务的需求更迫切、要求更高。以服务教学科研为天职的高校图书馆，尤其是直接定向专业服务的院系资料室，提供专业化知识服务更是得天独厚。然而资料室知识服务的现状却不尽如人意，严重影响了知识服务发展的进程。本节拟在解析知识服务及专业化知识服务含义的基础上，着重探讨高校院系资料室专业化知识服务的现状及实施策略，以期高校图书情报工作真正实现知识“服务化”和服务“知识化”的新世纪目标。

1.知识服务及专业化知识服务概述

（1）知识服务的含义。

源自国外知识密集型服务业、在国内图书情报学界已达成共识的知识服务的本质是：以信息知识的搜寻、组织、分析、重组的知识和能力为基础，根据用户的问题和环境，融入用户解决问题的过程中，能够有效支持知识应用和知识创新的服务。

从“知识服务”的起源可见，知识服务首先具有知识性，是一种将知识高度集中、高度浓缩的集成化服务，它是20世纪90年代中期，图书情报学界为了实现知识“服务化”和服务“知识化”这一适应现代信息环境的需要而引入的一个新术语。知识服务的内核是与用户融为一体，全程参与解决问题、实现知识应用和知识创新的终极目标。这需要知识服务主体在具备复合知识和能力的基础上，为知识服务客体主动提供解决问题的方案和途径，是一种智力化、专业化程度很高的服务。它不仅有效支持用户知识应用和知识创新，其过程本身就是知识应用和隐性的知识创新。而且由于优质高效的知识服务是对知识服务主体复合知识与技能综合素质的要求，它可以开展多专题、多学科的知识服务，较之专门性用户，能够在更大范围、更多领域内知识创新，是知识激增的网络信息时代知识共享、知识创新、传承人类精神物质文明不可或缺的重要一环。图书情报机构认识到知识服务的核心价值和作用，纷纷发挥各自服务领域的优势，展开各种知识服务，而得以生存、发展、壮大。

知识服务以其多功能的实用性辐射各个领域。在不同的领域，知识服务的侧重不同，适用范畴不同，内涵也不尽相同。在准确界定具体领域知识服务的概念时，要与相关领域服务主体和客体的范畴相适应。

（2）专业化知识服务的内涵。

专业化知识服务是知识服务的一个重要方面，也是知识服务的重要特征和模式。它是为某一学科、某一专业甚至某一专题用户的知识需求提供的知识服务，是以专业教学科研为宗旨、专业信息资源高度密集、专家学者大量聚集的高校最适用的一种服务模式。其服务主体是图书馆学科馆员和院系资料员，客体是教师和学生。据此，在知识服务概念的框架下，高校专业化知识服务可以界定为：以学科馆员或专业资料员的专业知识和图书情报知识为基础，针对师生在知识获取、知识选择、知识吸收、知识利用、知识创新过程中的需求，对相关学科专业知识进行搜寻、组织、序化、分析、重组，为师生提供所需专业知识的服务。

（3）专业化知识服务的主要特征。

较之其他知识服务，专业化知识服务的主要特征是精、深、细化。这与其服务客体的知识需求密切相关。随着学科发展的日趋深入和细化，专业研究越来越不断细化，为之提供知识需求的专业化知识服务也不断精深细化。这些都需要知识服务主体对相关专业有较深入、全面的了解，进而根据师生需求，有针对性地收集、组织、序化、深层揭示、综合、分析、挖掘相关知识，排除不相关的知识，并予以科学细致分类，提供研究和解决问题的路径，以便用户作纵深研究，从而实现知识应用和知识创新。

2. 高校专业化知识服务现状及实施策略

知识服务是网络信息时代图书情报机构核心知识和能力的标志，是图书情报机构生存和发展的根本。一些高校图书馆认识到知识服务的核心价值，发挥专业化知识服务的优势，纷纷开展创建专题数据库等专业化知识服务，当前已初见成效。而直接面向师生，拥有丰富专业资源，更占天时、地利、人和等专业化知识服务之便的院系资料室，因知识服务意识淡薄等原因，知识服务现状堪忧，迫切需要树立知识服务理念，探索实施专业化知识服务的策略，以免导致边缘化而自行消亡。

（1）高校专业化知识服务现状。

①知识服务意识淡薄。高校资料员有关知识服务的理论探讨文章极少，专题数据库等知识服务的基础、核心实践工作也不多见，知识服务意识普遍淡薄，没有认识到知识服务是决定自身生存和发展的核心知识和能力，没有意识到不实施知识服务将被边缘化的紧迫感和危机感，工作缺乏知识服务的主动性和创新性，极大地浪费了所拥有的各种资源和优势。

②服务方式落后。由于没有知识服务的意识，在知识服务已进入采用先进的语义web技术作为知识服务的技术平台，提供优质高效知识服务的发展阶段，许多资料室还仅限于、停留于或满足于借借还还的浅层次服务，即使是做一些资料工作，也只是用传统的方法，提供简单的信息检索和传递服务，缺乏智力内涵和技术含量，远远不能满足学科专业发展所需要的知识服务的要求，跟不上数字化网络化信息发展的步伐。

③主要思想严重。一些院系资料室因不能发挥专业化知识服务的作用而逐渐趋于边缘化。资料员只是充当书刊借还的“守门员”而备受歧视，个人价值、社会价值无法体现，工作更无主动性、创新性。即使从事一点知识服务的工作，因等靠要思想严重，遇到困难就退缩放弃。如此恶性循环，致使本是知识服务生力军，可为师生教学科研充当专业知识“导航员”的专业资料员变得可有可无，极大地影响了专业化知识服务的实施，影响了知识服务发展的进程。

这种现状亟待改变，存在的问题亟待采取有效措施加以解决。

（2）专业化知识服务实施策略。

①准确定位，树立知识服务理念。图书情报工作本是一项实践性、服务性极强的事业，尤其是在以师生教学科研为主体的高校，图书情报工作者更被称作教辅，即辅助、服务于教学科研。既是辅助，即非主流，客观上不及教学科研一线工作立马显现其重要作用和价值，所获相关部门人力、物力、财力的支持也相对滞后和不足，但也绝非可以缺失。特别是在新知识迅猛激增的信息时代，视时间为生命的教研人员，更加需要图书情报工作者为其快捷提供更为具体、细致、精深、分门别类、集成化的科研前沿动态信息，以便紧跟学科发展步伐，而知识服务所具备的诸多特质正可满足这种需求。图书工作者若能实施知识服务，必将使教学科研如虎添翼，同时也可体现和提升自身价值。所以高校图书馆及院系资料

室关键是要内部挖潜，能积极为教学科研提供优质高效的知识服务，做出实绩，真正起到教辅作用，才能获得认可，也才能显示其存在的必要性，进而获得多方支持。这就需要教辅人员给自己准确定位——做教学科研的专业知识“导航员”，为教研提供更具针对性和专业化的精深知识服务。为此，必须首先牢固树立知识服务思想。

思想引领行动。知识服务是一种综合知识和能力，更是一种理念。对于已从事多年图书情报工作，具有良好信息素养，又有一定专业基础，且大多已具有副高职称的专业资料员来说，树立知识服务理念对于改变现状至关重要，这是院系资料室亟待解决的当务之急，也是专业资料员实施知识服务的内在驱动力。只有牢固树立知识服务是网络信息时代图书情报工作立身之本的思想，加强趋于边缘化的紧迫感、危机感。从理论上学习探讨知识服务的本质，认识到自身在知识应用、知识创新中所担负的任务和不可或缺的作用，从而增强对自我价值的肯定，提高工作的主动性、自觉性和创新性。从实践上学习探索知识服务的技术、方法，开发潜能，才能在信息资源以空间数字化、网络化形态存在和交流的现代信息环境下，提供优质高效的知识服务，与时俱进，不为时代所淘汰。

②统筹协调，建立知识服务管理机制。知识服务有赖于采用现代先进信息技术手段，是一项知识性、智力性和技术性较强的、需要多方分工协作、统筹协调的系统工程。除了服务主体要有知识服务理念的内在动力，还要有行之有效的外部管理机制，以激励、保障知识服务的顺利进行。

③管辖机构认可。许多资料室在编制、工作上分属院系，各自独立；在职称评聘、岗位分级等方面归图书馆管理，属于双重领导。这就需要院系给予工作上的认可。长期以来，由于专业资料员上述现状及人们的传统观念等原因，许多院系仅仅把借还、阅览书刊的师生人数，作为资料室定编和衡量资料员工作量的唯一标准。人数有限的资料员有些身兼数职，整天忙于日常繁杂事务，无心也无力从事费心、费时、费力的知识服务工作。即使做了，由于不算工作量也不被认可，致使原本是一项辅助教学科研的重要资料工作变得毫无意义，也没有得到自我价值肯定的工作满足感，工作积极性大受影响，再加上时间得不到保证，所做的知识服务工作常常半途而废。所以管辖机构院系对知识服务工作的支持和工作量的认可，视知识服务为一项重要的日常工作，是知识服务顺利进行的重要保障。图书馆将知识服务水平作为衡量教辅人员业务能力的重要标杆，并在职称评

聘时，对于优质高效的知识服务工作给予一定的分值，且形成一种制度，以激励更多教辅人员更积极、主动、广泛、深入地开展知识服务，形成知识服务的良性循环。

④纳入教学科研管理计划。教学科研的顺利进行，尤其是处于专业研究的领先地位，少不了优质高效的知识服务辅助。而知识服务的系统工程性质，决定了它需要一定的人力、物力和财力的支撑。对于优质高效、有发展前景、紧密围绕教学科研课题的知识服务工作，院系应将其作为教学科研的重要组成部分，纳入院系教学科研计划中，或由图书馆统一纳入服务创新管理工作中，或由学校科研部门予以科研立项，提供时间保障和一定的资金、设备援助，以便图情工作者更好地完善知识服务内容，提高服务质量和效率。自身也可争取省、教育部、国家科研立项，以解决知识服务所需资金、设备的困难。

⑤建立评价体系。由图书馆牵头，建立知识服务质效评价体系。根据知识服务的信息量、针对性、创新性、专业化程度、导航路径、检索效率、用户反馈效果、点击率等因子，应用统计学知识，制定知识服务评价标准，建立评价体系，贯穿于管理工作中。达到标准的可作为职称评聘、岗位分级、年度考核的重要参考。如此可激励和调动服务主体的开发潜能和创造力，提供优质高效的知识服务，保证知识服务的质量，增加知识服务的数量，形成知识服务的浓厚氛围，推动知识服务的发展。

（3）立足本职，发挥专业化知识服务优势。

专业化知识服务的主要特征决定了高校图书馆和院系资料室实施专业化知识服务，具有其他图书情报机构无可比拟的优势。尤其是院系资料室，是专业信息资源的宝库。院系专业资料员长年累月、耳濡目染专业知识，许多甚至是科班出身，对于学科、专业，较之图书馆接触更多、了解更深、掌握更全；对于知识服务客体即专业师生，尤其是处于教学研究、知识创新前沿的专家学者，与之联系更紧密、更直接，更易了解其深层知识需求，随时互动，及时助其解决问题，提供更具针对性的专业化知识服务，是专业化知识服务的一支“生力军”。它可弥补图书馆学科馆员之不足，且非专业毕业的学科馆员在专业知识方面有先天不足。专业资料员立足本职，能够直接融入专题研究，省去专业“充电”一环，减少知识服务成本。院系资料室不仅具有专业信息资源丰富和专家人才资源集中的双重优势，而且相同专业研究领域教研人员的教研环境、知识结构、心理特征、研究习惯、行为方式等都相似，对专业知识服务的共同需求相对集中。因而有利于大大提高专业资料员知识服务的质量和效率。

（4）绑定课题，构建专题知识库。

专业化知识服务关键是要落到实处。构建专题知识库是实施专业化知识服务的重要途径。专题知识库是专业化知识服务的核心和基础。专业化知识服务的宗旨是为师生专业教学研究提供知识导航。在实际操作时，应与院系学科展开密切配合，能与自己学科专长结合更好。选取优势学科或重大科研课题或精品课程，绑定课题，围绕所要解决的问题，按照师生教研的知识需求，对相关信息知识进行搜寻、组织、序化、分析、重组，整合教辅人员、专业人士和信息技术人才力量，采用最新信息技术，通过数据库编程，构建基于语义web的专题知识库，提供最新、动态、集中的研究信息，并随时与专家学者交流、沟通，采纳其专业性意见，及时完善、更新知识库的内容和功能，提供更加精深、细化的知识导航服务，提高知识服务的质量和效率，进而促进专业研究向纵深发展，实现知识应用和知识创新。

（5）挑战自我，勇做专业化知识服务践行者。

通过构建专题知识库进行专业化知识服务对专业资料员来说，既是机遇，更是挑战。是对自身知识、能力、综合素质的挑战，更是对意志力的挑战。因为专业资料员实行坐班制，且日常事务繁杂，少有科研时间。而专业化知识服务对专业资料员专业知识和图书情报知识都有较高要求。且学科发展、知识更新突飞猛进，专业资料员只有充分利用业余时间，树立终身学习的思想，不断学习新知识、新技术，全面开发自己的潜能，提升自身的知识和能力，勇做专业化知识服务的践行者，才能提供优质高效的专业化知识服务。同时专业化知识服务，乃至整个图书情报工作，都是应用性、服务性极强的为人做“嫁衣”的工作，必须有极强的服务意识和奉献精神，甘坐冷板凳。在还未获科研立项时，在构建专题知识库的过程中，鼓足勇气，克服时间、资金、设备上的重重困难，锲而不舍，坚持不懈。如此必将实现高校图书情报工作知识“服务化”和服务“知识化”的新世纪目标。

知识服务是21世纪图书情报工作发展的方向。专业化知识服务是高校图书馆尤其是院系资料室生存的根本，这在理论上已毋庸置疑。但在实际中却因诸多因素，存在知识服务明显不足或滞后的现象。本章力图在概述知识服务和专业化知识服务含义的基础上，通过剖析高校专业化知识服务现状，指出存在的问题，探寻具体有效措施，“对症下药”。以期高校图书馆特别是院系资料室，能够广泛、深入实施优质高效的专业化知识服务，真正为高校教学科研、学科建设和发展，起到知识“导航”和推波助澜的作用。

（二）学科读者和学科馆员分别是专业化服务的对象和主体

专业化服务其实也就是学科化服务。图书馆事业是在向着整合的方向发展，即去掉一些重复的建设，集中共性的东西，以求共建、共知、共享[①]。而图书馆服务则在朝着深入细致的方向发展，因为越深入细致效益越高，社会越欢迎，读者越欢迎。综合性服务是点对面的、喷泉式的、是粗放式的；专业化服务则是深入细致的，因为它明确了服务对象是学科读者。学科读者包括高校院、系、所的教师和学生。也许有人要问难道传统的综合性服务不包括学科读者吗？回答当然应是肯定的。但明确提出学科读者有三大好处：一是突出了学科读者的中心地位，而把后勤、家属、离退休人员等读者从平分秋色的对象中降到了次要地位。二是突出了教师研究生的中心之中心的地位，而把本、专科生读者置于一般地位。在只有本、专科生的学校，则把高年级学生提升到了突出地位。其中，教师读者在当前一段时期尤应作为重点服务对象。而对教师这一读者群过去长期服务不够深入，目前已引起广泛关注。三是加强了服务的责任感。如果说过去的服务评价是综合式的较粗犷的，那么，明确为学科读者开展服务的评价就比较深入具体了，服务主体的责任感就更强了。

专业化服务的服务主体主要是学科馆员。国外实行学科馆员制度较早，20世纪70年代以来国外研究学科馆员的资格、职责、地位、作用、对用户的影响、工作特征及评价等方面的文章不少。我国在2002年才有相关文章发表。如2002年第一期《大学图书馆学报》发表了《谈大学图书馆学科馆员制度》，2002年第3期《图书情报知识》发表了《关于学科馆员制度的建立和完善》等。学科馆员必须既有其学科专业知识，又掌握图书馆学基本知识和业务技能。专业化服务主要应由这部分人员来承担。但是，只有这些人员还不够，还要有一部分辅助人员相配合。另外，在各学科还可以设立图情教授，既热心图书情报工作又热心为本学科读者服务的正副教授，在有院系资料室的高校还应包括其资料室工作人员。

① 牛文花.“细节营销”理念与现代高校图书馆读者服务［J］.图书馆建设，2011（11）：71-74，79.

由此组成服务主体，方能使专业化服务迅速开展起来。当然，全馆职工都为专业化服务提供了基础，只是学科馆员在其中应起关键的作用。

二、专业化服务的特殊方式

专业化服务的特殊内容即学科读者对信息的特殊需求。学科读者主要是教师、研究生对信息的特殊需求较一般本科、专科学生对信息的需求显然要深入一层，而学科本科、专科学生的需求与其他读者也不尽相同。教师、研究生在开展科研的过程中需要各种具体情报信息，而且是全面的，需要提供外文的或古籍的文献信息，需要反映各学科各专业领域科学进展的最新信息；教师备课还需要各种教育教学信息，包括某些为图书馆一时所未备者；研究生配合教师建立各种专题知识库时同样也需要全面的文献及视频音频信息，需要提供包括某些地方性文献；一般本科、专科生则需大量的教学参考文献，并包含上述特殊信息。

据此，图书馆就应采取一般服务基础上的某些特殊服务，即要采取某些特殊服务方式。这些方式包括文献调研评价服务；专题库室服务；专题资料汇编服务；专题知识数据库服务；专题书目索引服务；学科导航服务；学科文献检索及其培训服务；学术快报服务；学术报告服务；情报综述评析服务；定题情报服务；跟踪服务；原文传递服务；课题查新服务；以成果评价或社会反映信息搜集提供等服务。在当前，值得突出提出来研究的有如下几项。

（一）开辟专题库室

各高校图书馆可根据本校的重点学科需求和条件建设。如北京大学图书馆曾有国际问题阅览室、中国历史问题研究室等，华南师范大学图书馆有教育文献信息阅览室等。此类专题库室设置的初衷均在于专题服务，即专业化服务。目前有些高校正打算撤销院系资料室，撤销后合并到图书馆。合并的最好途径就是在图书馆设置学科阅览室，并与学科馆员一道开展专业化服务。

（二）学科文献评价

应组织学科馆员对各学科中外文献进行评价，其中包括对馆藏学科文献进行评价。应能指出重点中外文献是否有藏，提出采访建议，对最新的重要文献进行评价和推介。过去的普通文献学，今天应分立专门文献学或曰学科文献学。学科文献学要在学科文献中包括电子文献进行专业评价、推介和提供服务等研究。

（三）建专题知识库或特色数据库

专题知识库可以是较小的专题对象，教师、研究生可就此独自建立网页，这需要图书馆的帮助或与之共建。建特色数据库则已有开展，这些对教学科研极为有用。当今利用网络环境开展知识服务必须利用特色数据库，开展专业化服务更是如此。

（四）编印学术快报

目前公开出版的反映学术动态研究前沿的报刊极少，周期太长，或年刊或季刊，且反映面狭窄，很不适应需要。因此，各高校图书馆可以联合编印反映最新学术动态、最新学术文献和成就等的学术快报。学术快报可以有综述、述评、动态、文献评价等方面的内容，也可以纸质形式发至学科读者，并要求编印周期较短，一月一期或半月一期。

（五）教师用户特殊培训

教师用户群不同于学生，一则时间紧；二则网络技术包括利用图书馆的技术部分低于学生；三则需要掌握查检外文文献信息的技能；四则有时放不下脸面到图书馆接受一般性培训。为此，学科馆员应深入家庭或组织培训，以此解决教师自身所具备的问题。确定部分重点教师对象开展全面的个性化服务。面向高校重点学科和重点教师可以首先开展个性化服务，以后逐步推开。

三、专业化服务是对图书馆事业持续发展有重要意义的服务创新

专业化服务其实由来已久，自有学科馆员以来，这项服务在一定程度上已经开始，只是并未明确此项模式，并未概括命名，并未正式提倡，并未系统化，并未明确其对象、内容、方式、主体等。比如，1981年美国卡耐基－梅隆大学图书馆率先推出了“跟踪服务”，后来又推出了“图书馆员免费导读服务”，同时一些图书馆细化至学科分支与系主任、教授建立联系。明确提出专业化服务并尽快推动此项服务模式对图书馆事业持续发展有着重要意义。它是图书馆员与教学科研人员走向学术零接近的必由之路；是图书馆提高学术地位更受社会重视的必由之

路；是图书馆服务深入读者大大提高服务效益的必由之路；是部分高校图书馆向研究型图书馆转型的必由之路；也是图书馆在社会上永久立足而不致被排挤的必由之路。长期以来，由于图书馆事业的作用比较间接和隐形，而且图书馆学比较冷门和卑微，故一直不受重视，甚至遭到歧视，而今天数字化、网络化等信息技术又给以严重冲击，不少人担心图书馆事业能否长期生存。的确，图书馆如果只做一般的文献信息保存、检索和传递服务，就会出现生存危机，如能开展专业化服务就能长久发展下去。一般综合性和个性化服务今后变得越来容易，越来越会交给网络去完成，而专业化服务则不可取代。了解学科知识，懂得具体专业及其文献情况，对专业能进行评价，能做有关前沿动态的学术报告等，非有具体专业知识和图书馆专业知识结合不可，非对专业文献信息作研究不可，这是图书馆工作更具专业性、学术性的所在。一些新的信息专家或情报专家，一些学科文献专家，一些未来的图书馆专家等将从中产生。为此，应尽快将此项服务模式推广。当然，这不是一蹴而就的。这首先就要建设好一支学科馆员队伍，并不断提高其素质，加强其管理和探索，方能达到预期的目的。

加强数字化信息服务，建立专业化的图书馆服务，可以从以下三方面入手。

（一）建立学科馆员队伍

高校图书馆专业化服务的实现必须首先从图书馆的自身建设做起，即提高图书馆员的专业素质，吸纳各学科的高级人才，通过图书馆学知识的进一步学习，建立一支既懂学科专业，又了解图书馆学知识的高质量的学科馆员队伍。从读者的角度来看，学科馆员是一个由图书馆派出的上门服务的“使者”，他把图书馆的资源信息和服务送到读者手中。学科馆员所具有的学科背景，有助于为相关院系的读者提供有效的文献信息。从图书馆的角度来看，学科馆员则是一个与读者密切联系的“情报员”，为图书馆收集读者反馈的需求信息，使图书馆能更好地了解读者的需求，从而提供最佳的文献资源保障服务。因为相对于一般的参考馆员而言，学科馆员的服务对象更具体、更明确，服务内容更深入，服务层次要求更高。学科馆员通常根据自身的某一学科的专业背景，为从图书馆读者中细分出来，集中在专门领域的学科读者提供全方位、多角度的信息服务，服务内容更加侧重于与专业读者的交流，为他们提供更多的专业资源和信息“导航”，深入读者的科研或教学活动过程中，为读者的研究和工作提供针对性很强的信息组织加工能力。而建设这支高素质的学科馆员队伍就成为实现高校图书馆专业化服务的先决条件。

（二）建立和完善专业化服务机制

在高校图书馆的机构设置逐渐走上学科专业化的同时，将图书馆咨询工作按学科划分，实施服务专业化的体制，如按学科设置人文科学部、社会科学部、科学技术部、生物医学部等。通过学科馆员与各学科的教师和科研人员的互动，了解对方的专业需求，主动提供专业资源，做好教学科研的辅助工作。这方面的具体工作主要包括以下几方面：

其一，定期深入各院系，明确各专业的课程设置、教学计划以及学位、毕业论文的选题情况，在此基础上编制各种书目索引，尤其是指定参考书目，编制有关专业方面的专题文献资料。

其二，广泛搜集整理学科信息资源，并以多种形式提供给读者，即学科馆员要充分利用自己掌握的信息技能，通过多种方式广泛地为学科读者搜集资源，并进行资源的深加工，编写两三次文献，通过学科资源导航页、信息简报、专题综述、学科书目索引等方式，快捷方便地提供给读者。

其三，对资源发展进行决策、影响或指导的权利，即试用、评价学科资源，制订学科采访计划，为采购数据库、图书、期刊资源提供参考。

其四，主动为研究课题提供决策参考服务，针对每个课题建立专门的服务档案，提供专题检索、定题服务、科研立项查新、成果鉴定以及代查代译等个性化的信息服务。如在课题准备阶段进行可行性论证；课题开展阶段要跟踪课题研究进展，不断为完善文献资源提供服务；课题结题阶段，适时提供专利申请、核心期刊投稿须知等相关资料，并协助整理相关文档等。

其五，主动联系学科领域内的教学科研人员，配合他们的教学、科研任务，使教师及时获得第一时间的信息和最前沿的知识，以丰富课堂教学内容和科研前沿信息，提高教学和科研水平，从而把自己的信息服务工作与教师的科研与教学紧密地结合起来。

其六，开展个性化的创新服务，如针对学科带头人开展专门的科研课题信息服务、协助读者建立“专家个人藏书系统”或者个人网站、专业化学科信息导航系统等。而对一些仍不太习惯电子文献的中、老年科学研究工作者，或患有信息恐惧症、信息焦虑综合征的读者，学科馆员可以通过上门服务、单独培训资源检索技能、电子资源纸质化等个性化信息服务方式，满足其教学科研的信息需求，树立以人为本的服务思想，体现人文关怀。

除此之外，还应掌握各专业的学生，特别是研究生对文献资源的需求情况。因为研究生这一群体已掌握了所学专业的大量基础知识，有相对稳定的研究方向和攻关课题，在此基础上，他们可以直接点击外国文献资料，搜索和查阅与自己专业相关的期刊与文献，直接接收国外相关学术成果。所以根据研究生的需求特点，可以发现研究生对图书馆文献资料的依赖性更大，是一个潜在的“重量级”的读者群体。因此，图书馆可以尽量在外文期刊部和数据库的建立方面充分挖掘潜力，便于研究生对国外相关学术成果的借鉴和对国外学术动态的把握。例如，在划拨的经费之中，拨出为研究生读者服务的专项资金，加大投入力度，尽可能地购进更多、更新、更权威的期刊文献资料，以满足研究生读者的需要。特别是通过学科馆员与各教研室研究生的联系，定期进行数据库的推荐、使用以及新进数据库的功能介绍等内容的指导，提高他们的信息意识，帮助实验室建立和完善信息查阅制度。由于同一教研室的研究生的研究和课题内容有较强的相关性和连续性，所以通过实验室信息查阅制度的建立，图书馆不仅能集中力量进行研究生的信息教育服务，还可以充分发挥研究生的能动性，积极主动地开展文献查阅的学习。另外，对一年级、二年级的大学生，开展网络知识培训和网络导航，提供较浅层次的服务，如新书推荐、同类书求异、文献检索、信息咨询等；对三年级、四年级的学生或正在准备撰写学年论文、学位论文的学生，则提供较深层次的服务，如提供检索软件及网上检索策略服务，引导他们查找和利用信息，增强学生的信息意识和获取网上信息知识的能力。

（三）加强高校图书馆的资源建设

高校图书馆专业化服务的最大特点是：高校图书馆既是服务的主体，又是服务的受益者；学科读者既是服务的客体，同时又对服务主体的建设起指导作用。因为通过学科馆员和读者的互动和沟通，图书馆能加强图书、期刊及数据库采购的针对性，避免采购的盲目性和主观性，提高馆藏资源的利用率，即用有限的购置经费，最大限度满足读者需求，充分体现“读者至上，书尽其用”的理念。所以高校图书馆通过专业化服务的实行，将特定的学科读者与图书馆紧密联系为一个整体，并形成一个互动的良性循环，不仅为读者提供了个性化的专业服务，满足了读者的需求，同时还带动了图书馆的馆藏资源和人力资源的建设，促进图书馆的改革进一步迈向个性化、科学化和系统化的发展进程。

第三节　数字图书馆的信息推拉服务

在当今信息大爆炸的时代，如何获取自己需要的信息变得越来越重要。以往在互联网上搜寻信息，最常用的方法就是浏览器发出请求后，Web就将信息传送给用户，此过程用户需要“拉取”信息而被描述为Pull；而将信息直接“推送”到用户的计算机的方法就是信息推送，称之为Push，用户只需要在初次使用时自己设定所需要的信息频道，此后，定制信息将通过Web自动传给用户[①]。该技术于1996年发端于Point Cast Network，现已在互联网及信息管理机构得到广泛应用。信息推拉技术虽然如此空前地被应用于网络信息检索，但是，对于用户而言，它并不是最适合的方式。人们迫切需要更智能、更方便的信息获取方式。智能信息推拉（IIPP）技术因其在网上信息获取技术中加入了智能成分，从而有助于用户在海量信息中高效、及时地获取最新信息，提高了信息系统主动信息服务的能力。如果引入基于IPP的主动信息服务系统，则可根据用户的特性提供具有针对性的、个性化的信息服务。

一、信息推拉技术智能化

在传统的Client/Server结构中，信息获取方式是按“拉”（Pull）的模型进行的：服务器根据用户终端发送的服务请求进行处理并返回用户所需的结果。在Push系统中，服务器把信息“推”给用户终端系统。虽然两者数据传输的方向都是从服务器流向用户，但操作的发起者是不同的。从“信源”与“用户”的关系来看，信息的流动可分为两种模式，即信息推送与信息拉取模式。

（一）Push与Pull之比较

推送（Push）技术是根据用户需要，有目的、按时将用户感兴趣的信息主动

① 彭泽华.智能信息推拉技术的数字图书馆主动信息服务手段研究［J］.情报资料工作，2005（06）：84–86.

发送到用户的计算机中。Push技术的主要优点一是对用户要求低，普遍适用于广大公众，不要求有专门的技术；二是及时性好，信源及时地向用户“推送”不断更新的动态信息。但是，在随后实际应用中，因为存在以下几方面不足，Push技术并没有取得预期的成功：

（1）不能确保发送成功。由于Push技术采用广播方式，当网络信息中心发送信息时，只有接收器打开并正好切换到同一频道上，传输才能发生作用，用户才能获取信息。这对于那些要确保能收到信息的应用领域是不太适合的。

（2）没有信息状态跟踪。Push技术采用的是“开环控制”模式，一个信息发布以后的状态，如用户是否接收，或客户端收到后是否按信息的提示执行了任务等，这些“反馈信息”发布者无从得知。

（3）针对性差。推送的信息内容缺乏针对性，不能满足用户的个性化需求。有价值的重要信息，通常都是要针对特定的群组来发送的，即只推送给相关的人士。Push技术不能满足上述需求。

（4）信源任务重。信源系统要主动地、快速地、不断地将大量信息推送给用户。

拉取（Pull）技术指用户有目的地在网络上主动查询信息，用户从浏览器给Web发出请求，由Web获取所需信息。面对拥有海量信息的互联网环境，搜索引擎是有效的网络信息“拉取”（查询）的检索工具。Pull技术的主要优点是针对性强，能满足用户的个性化需求；信息传输量小，网络上所传输的只是用户的请求和服务器针对该请求所作的响应；信源任务轻，信息系统只是被动接受查询，提供用户所需的部分信息。其主要缺点是及时性差，由于用户只会基于自己的知识水平（或专业水平）提出请求，当信源中信息更新变化时，用户难以及时拉取新的动态信息，虽然可以通过定时查询来解决这个问题，但是会浪费大量的网络资源和人力，而且仍不能保证最好的实时性。对用户要求高，要求用户对信源系统有相应的专业知识，掌握相关的检索技术。

（二）智能信息推送与拉取

（1）智能信息推拉模式。智能信息推拉技术是将信息推送与拉取模式结合，因而能做到取长补短，使两者优势互补。根据推、拉结合顺序及结合方式的差异，又分为以下四种不同推拉模式：

先推后拉式。先由信源及时推送公共信息，再由用户有针对性地拉取个性化信息。该模式可适用于图书情报部门的信息服务，例如，可将电子期刊的目次信息推送给用户，供其浏览，用户一旦发现自己所需信息，可再连接到服务器浏览或下载全文。

先拉后推式。用户先拉取搜索所需信息，可根据用户的兴趣，再有针对性地推送相关的其他信息，如个性化的频道订阅、邮件订阅、电台节目点播等。该模式既能满足用户个性化需求，又能进行主动服务，所以这种方式在互联网上应用较多。

推中有拉式。在信息推送过程中，允许用户随时中断、定格在所感兴趣的网页上，并进一步搜索，主动拉取更丰富的信息。

拉中有推式。在用户拉取信息的搜索过程中，根据用户输入的查询信息，信源主动推送相关信息和最新信息。

（2）智能信息推拉模式的特点。信息“推送”与“拉取”两项技术取长补短，相互结合，在两者的基础上再融入人工智能、知识发现、互联网信息检索及数据库等技术，从而形成“智能信息推拉技术”。这项技术是当前Internet/Intranet、数据库系统及其他信息系统为用户提供信息服务的一个发展方向。智能信息推拉技术的产生，可以提高网络及数据库的智能水平，从而在根本上解决“推送”和“拉取”技术应用过程中所遇到的难题，即如何从海量信息中提取有用信息，如何为不同用户提供个性化的主动信息服务等。“智能信息推送”（IPP: Intelligent Information push-pull）IIPP技术应用了人工智能（AI）机器学习（ML）方法、知识工程（KE）的知识推理搜索方法、知识发现（KDD）方法等技术，将“智能信息推送”（Impish）和“智能信息拉取”（Ripoll）相结合，提高“信源”对“用户”兴趣的推测水平，实现主动的、个性化的信息推送服务；另外，帮助用户快速、准确地从信源拉取信息，提高用户的满意度。人工智能和KDD技术的应用，提高了网络的智能化水平，可以在“推送”或“拉取”到的大量信息中发现其内在规律，提取用户最关心、最感兴趣的有用信息，从而大大降低用户进行下一步搜索和筛选的工作量，进而提高用户获取信息的效率和能力。

（三）采用“智能信息推拉”（IIPP）技术，为用户提供主动信息服务

在数字图书馆信息服务系统中，传统的服务模式是单向主动式信息服务，典型的工作流程是“搜索信息—处理信息—决策—实施”。它需要搜索的信息量大，

处理复杂，对网络的通信量和客户机的处理能力、存储能力要求很高，即使采用了推送（Push）技术，服务器推送的内容也只是一些原始信息，或是一些简单的分类信息，还需要由用户本人来完成分析数据、处理数据、辅助决策的任务。在人机系统中，如果机器能够主动地为用户工作，就会减轻用户的脑力和体力劳动。采用“智能信息推拉”（IIPP）技术为代表的自动发现方法及技术是提高信息服务系统主动服务能力的重要途径。

计算机系统能根据用户信息库所提供的信息（包括用户的咨询史、专业背景资料以及兴趣爱好、研究方向等动态性的用户需求信息）或用户特定的检索要求，不需人的指示而自动工作，进行主动信息服务。用户可以按照自己的目的和需求，在某一特定的系统功能和服务形式中，自己设定信息的来源形式，选取特定的系统服务功能，例如，自动地替用户搜索信息、处理信息，生成决策意见等。这里的主动性是指对人机系统中的计算机系统而言，并非人的主观能动性。主动信息系统使用户由跨网远程信息访问变为本地信息访问，替用户完成从获取信息到形成结果的大部分工作，但它形成的最终结果还是需由用户审核并确认。

1. 主动信息服务的特点

把信息管理系统设计成主动信息服务系统，不仅可以提高管理的效率和科学化程度，还可将信息决策者从一些日常的统计和管理工作中解脱出来，致力于更高层次的管理与决策，这不仅是应用软件的功能分配问题，更是一种新的系统设计思想。它把计算机系统由“被动响应”变为“主动服务”，把大量的信息获取与处理、加工都交给计算机应用系统去做，为决策者提供主动的服务和支持。其特征可归纳为：主动发布信息，主动预测，主动采集信息，主动处理信息，主动挖掘知识，主动人机交互和主动适应用户。主动信息服务可以是针对个人的，也可以是面向所有用户的。主动信息服务系统兼备了这两种服务的特点，提供主动的个性化服务。

2. 主动信息服务系统的设计思想

主动服务系统以人工智能思想为基础，在网络环境中集成O/S技术，结合推、拉方式，可以提高脑力自动化的程度。其目的是提高整个人机系统的智能水平与工作效率，不是单纯地追求机器的智能和自动化程度。进行系统设计时需考虑合理的人机分工，虽然单纯的Push系统正常工作时不需人的干预，可自动发送信息，但它无法满足人们不断变化的各种需求，需结合Pull技术，扬长避短，提高系统的整体性能。

3.基于IIPP的主动信息服务系统的设计

主动信息服务系统的应用非常广泛，以智能决策支持系统（Intelligent Decision Supporting System，IDSS）为例，具体介绍其系统设计原理。

IDSS主动服务特性主要体现在主动搜集相关信息、自动发现知识、自动生成和传送预测结果和决策方案，减轻用户的手工操作等。因而在实现上，势必要跟踪、分析用户的兴趣需求，过滤次要信息，反映重要信息。智能信息推拉满足了主动服务的技术实现，它通过相关的方法和技术改善了系统与用户的交互。

在结构上，IIPP将Push与Pull两种信息获取方式进行有机结合，其目的是根据Pull的历史趋势，加强Push的针对性；同时利用Pull和Push的功能，提高Pull的效率。

其中地址和次数管理模块记录用户的每次操作，还可生成新的频道和栏目；意图预测模块是为了预测用户的访问目的；兴趣度管理模块根据用户的各种有关操作，分析修改响应栏目的ID值（用户对栏目信息的期望程度）；更新检测模块用来自动生成检查各栏目对应的信息源是否已被更新；推送决策模块需要根据信息更新与否、更新时间的长短、栏目ID值等因素，计算出用户在当前时刻对某栏目信息的兴趣度（记为CID），并决定每一次推送操作应该把哪个栏目信息输出到界面；输出管理模块负责控制信息输出效果。

由服务者主动提供的服务和信息，未必完全等同于被服务者的需求，若要提供恰到好处的服务和信息，服务者必须对用户的需求进行尽量准确的预测。然而，预测是服务者的主观意志，而用户的需求则是客观存在的，预测绝不可能做到绝对的准确，这种主客观之间的差距是无法消除的。但是，在数字图书馆时代，进行信息传递时，如何降低对用户操作技能的要求，减轻用户的操作，这些问题已引起广泛的重视。而基于IIPP的主动信息服务系统由于其具有个性化的主动服务特点，能满足不同用户的个性化信息需求，已成为一个重要的、有应用价值的研究课题。

二、推拉技术在数字图书馆中的应用

推拉技术是一种能提供及时、主动的定制化网上信息服务的技术。其原理和工作方法已运用于网上信息服务，在数字图书馆的读者信息服务和信息采访中应用广泛，前景广阔。

“推”技术可将实用的信息“推”给感兴趣的用户，使用户可以坐等信息到来，它可以实现数字图书馆信息的传播和发布。“拉”技术指用户有目的地在网络上主动查询信息，通过Web传送信息。当用户需要某方面的书籍时，只需坐在办公室或家中就可以通过网络进行联机浏览，检索和套录世界上任何一个开放的电子图书馆的信息资料。

因此，推拉技术是我们在数字图书馆有效实现信息和知识检索、传播发布的重要手段。研究更为完善的推拉技术、更方便和智能的信息获取方式是我们数字图书馆中的重要课题。

（一）推拉技术在读者信息获取方面的应用

数字图书馆中的搜索引擎使用户可以直接从网上获取信息，这与传统服务方式相比有较高程度的主动性，但从根本上讲还是被动服务方式。因为它使用的技术从信息的传输方式看是由用户通过浏览器服务器发出服务请求，服务器在所拥有的信息资源中进行查询处理，把处理结果传回浏览器所在的计算机来实现的。在“拉”技术中，主动的一方是浏览器，服务器只是根据浏览器的请求，被动进行信息发布。采用了“推”技术的图书管理系统使数字图书馆除了被动地面向整个网络用户服务，还能从技术上主动锁定一批特定用户群，为他们提供专题信息服务，这不但提高了信息服务的效能，还节省了用户在网上漫无边际查询信息的时间。对于一个数字图书馆的web站点，只要建设一个专业信息服务频道，就能够面向自己的用户开展具有很强针对性的主动信息推送服务。一个数字图书馆的专业信息服务频道的工作原理如下：

用户登录到图书馆站点，提出获取主动推送信息服务申请（仅第一次获取服务时需要填写）。图书馆web server发送一个申请表单给用户，具体项目包括用户名、密码、所需的主题、关键词、推送信息的地址、推送周期、要查询的数据库等。用户填写好申请表后，提交给图书馆web server。图书馆web server将用户的特征信息、查询要求等传送给“推送服务代理”。“推送服务代理”根据用户的请求信息，在用户特征信息库（专门记录用户需求特征信息的数据库）和用户信息库（专门记录用户希望获取信息的数据库）中分别增加一条记录。“推送服务代理”会根据用户的要求，定期将用户的查询需求传递给“查询代理”。“查询代理”根据“推送服务代理”传送的用户要求，定期检索相应的数据库，并将查询结果返回“推送服务代理”。“推送服务代理”按照用户的要求，定期将最新信息推送到用户指定的地址。从系统论的角度看，基于web站点的信息服务效果的优化是一个系统工程。通过对信息的收集、整理、加工、处理、存储、传递、利用等环节的控制，使信息系统在整体上处于最优状态，都能够改善和优化服务效果。

（二）推拉技术在数字图书馆采访工作中的应用

采访即馆藏文献信息搜集，是图书馆文献信息处理工作的信息输入阶段。采访的工作职能，就是广泛收集各类型文献的出版、发行信息，并根据本馆实际及其读者需求，选择、采集满足读者群现实与潜在需求的文献。传统的文献信息源主要有公开发行的报刊、出版发行单位编印的书目等印刷型书目信息，获得文献的方式主要有预订、邮购、选购等。在传统图书馆中，采访人员获得出版单位编印的书目信息是被动的，范围比较小且呈零散状态。在数字图书馆中再采用以前的方式进行采访显然是不适宜的，计算机网络把我们收集文献信息的范围扩大到了全国乃至全世界，除传统的收集方式外，我们还可以通过互联网访问出版发行者的网站，收集文献信息，并在电子商务系统的支持下，实时采集所需文献。这样不但缩短了预订的时间周期，而且还提高了文献的到馆率。同时，我们还可以利用网上信息推送技术，将我们需要的书籍发布到各出版商的网站，这样等出版商有了相应的书籍时，就可以及时将书籍信息发送给我们，大大缩短了采集的时间，提高了工作效率。

在图书采访工作中，收集读者需求和意见也是十分重要的。在传统图书馆中，我们很难较好地完成这项工作。因为在传统方式中，收集信息的面不可能太广，只能限于一部分读者，且信息反馈的周期较长，耗费人力大，且收益不太好。如果采用了信息推送技术，我们将征集读者意见做成一个网页，发送到校内每位读者的计算机系统，这样关心我们图书馆工作，同时也是关心自己切身利益的读者就会给我们回复，这种信息采集、反馈的时间就会大大缩短，所获取的信息也为我们采购工作提供了方向。

三、推拉技术在数字图书馆中的应用前景

信息“推送”与“拉取”两项技术应当取长补短、相互结合。在两者结合的

基础上再融入人工智能、知识发现、网络及数据库等技术，从而形成“智能信息推拉”技术①。这项技术是当前Internet/Extranet/Intranet、数据库系统及其他信息系统为用户提供信息服务的一个发展方向。智能信息推拉技术的引入，可以提高网络及数据库的智能水平，从根本上解决“推送”和“拉取”技术应用过程中所遇到的难题，如何从海量信息中提取有用信息、如何为不同用户提供个性化信息服务等。

IIPP技术应用了人工智能（AI）机器学习（ML）方法、知识工程（KE）的知识推理搜索方法、知识发现（KDD）方法等技术，将“智能信息推送”（Impish）和“智能信息拉取”（Ripoll）相结合。这样，一方面，信息提供者可以推测用户的兴趣，从而更有针对性、更及时地向用户推送实用信息；另一方面，用户也可以更快、更准确地从信源拉取到最新信息。人工智能和KDD技术能够极大提高网络的智能化水平，可以发现在“推送”或“拉取”过程中呈现出的内在规律，准确提取用户需求的信息，从而减少了用户搜索和筛选信息的时间，极大地提高了用户使用的效率。

数字图书馆未来的发展趋势总的来讲是图书馆藏品（文字、图像、音频和视频等）的存储和组织的数字化、搜索和利用的网络化，从研究内容来看，当前的数字图书馆的研究侧重如下三点：

首先，是数字化藏品的加工处理的自动化、智能化。当前图书馆藏品和互联网资源的分析、摘要和索引主要是由手工完成的，工作繁重。对它们自动化的聚类分析、以内容为基础的自然语言分析、摘要和索引尚处在初级阶段，这方面的研究将大大提高图书馆自身的工作效率甚至工作质量。

其次，与席卷全球的变革浪潮相回应，数字图书馆的研究应该强调创新。数字图书馆存在的意义不仅是传统图书馆服务媒体和方式的转变，它还利用自身数字化和网络化的优势，提供新的思路和工具，增加数字图书馆的功能，研究为教育、学术研究进行服务的新途径，如电子期刊、电子书籍和以虚拟教室、实验室、博物馆、音乐厅、画廊等形式出现的在线教育和文化源、跨语言和全球性的知识库等。

最后，“以人为本”极大关注了人在应用数字图书馆时的感受，处处为用户着想，研究人机关系、人机界面，强调个性化服务，减少在利用数字图书馆过程

① 孙彤，闫敏，高雅佳.论推拉技术在数字图书馆中的应用［J］.现代情报，2007（10）：91-93.

中用户的干预等。

信息服务包括的功能如导航、过滤（即从大量信息中筛选符合条件的信息）、整理（即为用户将资源进行分门别类的组织）和知识发现。这些都是使信息服务走向个性化主动服务不可缺少的功能。

采用“PushPull”的方式，服务器不仅要把信息推给客户，而且还能够按照客户预先设定的触发事件和发送要求，在条件满足时自动向客户发送消息。真正的个性化应该是动态而主动的，在最初的规则制定好之后，系统能够自动跟踪用户的使用倾向。结合人工智能的推拉技术能够让我们图书馆为读者提供更好的个性化服务。

第四节　图书馆信息服务的产业化优势

一、图书馆信息服务产业化的优势

（一）图书馆发展信息服务产业的对策

图书馆发展信息服务产业的有效方法归纳起来有以下几点。

1.加速现代化建设

图书馆现代化大致归纳为如下几个方面：

（1）技术装备现代化。如复印、缩微、声像及书刊自动传递系统广泛应用于图书馆。

（2）业务工作现代化。这主要是计算机系统在采购、编目、期刊流通等业务中的应用现代化。

（3）组织系统现代化。主要是同其他图书馆的联系，加入地区性、全国性乃至国际性网络，互通有无，共同发展。

（4）情报检索现代化。主要实行联机检索，提高服务效率和文献利用率。

（5）文献著录现代化。在文献著录中尽可能使用国家标准并自觉向国际标准靠拢，为联机检索奠定基础。

（6）管理工作现代化。更新传统观念，采用适应信息工作特点的科学管理方法。

（7）用户教育现代化。加强对用户网络信息技术方面的教育，通过办网络培训班、演示会等手段，强化用户的图书馆意识和信息利用技能。

2.适当开展有偿服务

如开展热门书出租业务、出租录音带业务及有偿复制业务；创立简报公司或类似的信息有偿服务机构，以充分开发利用图书馆信息资源。加大生产二次文献、三次文献的工作力度，积极为政府决策、科技项目、企业活动等提供情报调研、预测信息等服务；开展有偿科技文献检索服务，如代办书店、组织各种学习班等。总之，可根据各自条件因地制宜。

3.开展旅游信息服务

随着旅游业的火爆，节假日旅游已成为人们一大消费时尚。旅游业是低消耗、低污染、多关联、可持续、投入少、产出高的优秀文化产业。作为支柱产业的旅游业，其发展离不开旅游信息的支持与保障。因此，图书馆应充分发挥自身信息优势，加强同当地旅游部门的合作，形成协调共进的关系。

4.提高图书馆管理效能

（1）抓好图书馆员的素质提高。图书馆工作者素质的提高是图书馆信息产业化的关键。人员素质主要包括两方面：一方面是政治素质；另一方面是业务素质。政治素质，即具有高度的政治觉悟，全心全意为读者服务的思想，强烈的事业心和高度的责任感。同时，还应具有为事业献身的精神。业务素质，即能胜任本职工作，有一定技术专长，有强烈的求知欲，有长远的学习目标，自觉的学习热情。总之，人员素质的高低直接影响图书馆的工作质量，影响图书馆的社会效益和经济效益。

（2）抓好图书馆的馆风建设。馆风是在服务育人的实践中形成的，是本馆群体意识和精神风貌的集中体现。抓好馆风建设要从党风建设入手，以党风带馆风。党组织战斗堡垒作用发挥好了，优良的馆风才能树立起来。

（3）充分发挥群众组织作用。图书馆的工作应该依靠群众、相信群众、群策群力，一切从群众中来，到群众中去，真正发挥群众的聪明和智慧。

（4）制订长远的人才招聘计划。努力招聘一批高档次、高素质的技术人员，开设引进人才的“绿色通道”，大批引进高水准人才，使其发挥作用，成为图书馆事业发展的中坚力量。

（5）完善充满活力的用人机制。实行聘任制、淘汰制等柔性用人机制。建立图书馆技术人才社会化管理机制，建立完善文化激励机制，开展“德技双全”活动，对一些德技双全者、贡献突出者进行各种形式的激励，使之成为图书馆文化产业经济的增长点。

（6）建立法治化管理机制。制定严格的规章制度，采取有效措施，推行变图书馆文化优势为经济优势的工作方针，争取在不断变化的市场竞争中，立于不败之地。

总之，面对21世纪的激烈竞争和知识经济时代赋予图书馆的神圣职责，图书馆应本着自己的社会性、服务性的职业特点，全方位地展示自己的才华。图书馆必须审时度势、主动出击，主动参与信息服务业的竞争，才能不断取得较好的社会效益和经济效益。

（二）图书馆发展信息产业的优势

（1）拥有丰富的信息资源。作为知识宝库的图书馆，经过多年的发展和建设，不仅有大量的文献信息资源，而且文献建设具有很强的连续性和积累性。它的占有量是其他信息机构不能比拟的。同时，图书馆在长期发展的历史进程中，对文献信息的收集、整理、检索、加工积累了大量的经验，这也是其他信息机构无法比拟的优越条件。

（2）拥有专业的信息服务人员。无论他们的学识水平、知识结构、业务能力、思维能力、解决问题能力，还是接受新事物、接受新知识的能力，都有着许多先天的优势。这些人知识广博、业务精通、修养过硬。他们有能力从事信息的深层次加工和研究，为广大读者和用户带来具有高水平的创新意识，以及可行性、学术性、突破性的信息服务，并能深层次地挖掘、开发出具有创造性思维的信息产品。这种独特的本领，在当今信息“污染严重”，信息“垃圾成山”的时代，显现出它独特的魅力①。

（3）拥有先进的信息服务设备。随着国家经济的发展、科技的进步，特别是加入世贸组织以后，国家对图书馆投入力度的加大，图书馆的现代化设备也得到了快速的更新，使其更适应现代化、科技化、网络化的方向发展。如全国大多数图书馆都建成了网络系统，高性能计算机、扫描刻录机、复印缩微、数码摄录等，这些高科技设备给图书馆信息服务产业化提供了强大的支持和有力的保障。

---

① 于小艳.高校图书馆学科建设与信息产业化［J］.潍坊学院学报，2019（02）：107-109.

（4）拥有良好的信息发展环境。改革开放及社会主义市场经济的有利环境，为发展图书馆文化产业提供了宽松的条件。

（三）图书馆信息服务产业化的必要性

1.图书馆信息服务产业化是信息技术发展的必然趋势

人类已进入21世纪。随着计算机技术、通信技术的飞跃发展，图书馆信息服务高速化、高效化已成为发展趋势。在知识经济兴起的今天，人们越来越认识到知识在经济增长中的重要作用。图书馆作为促进社会知识信息交流与传播的机构，在未来的市场竞争和市场经济建设中应当占据重要地位。这一切必然要求图书馆主动参与信息服务产业化的竞争，优质高效地提供市场所需的信息产品，在取得社会效益的同时，获得更大的经济效益。这也是图书馆在国家财政经费紧张的条件下，寻求自我发展的一条有效途径。

2.图书馆发展信息产业有助于促进公益性服务

众所周知，图书馆是国家的公益事业，是完全依靠国家拨款的事业单位。那么。如果实行信息有偿服务和实现信息产业化，是否有悖图书馆的本质和基本功能，是否在某种程度上剥夺了社会成员平等享用图书馆资源的权利？笔者认为，这种看法在市场经济发展的今天是较为片面性的。因为在新的历史条件下，图书馆如果不能充分发挥自身的优势，积极主动投入日趋激烈的信息服务产业的市场竞争中，以创造更大的社会效益和经济效益，而一味地坚持传统的办馆原则和理念，不去积极面对时代的发展和社会的实际，就会失去其在新世纪社会主义建设中应该发挥的作用，削弱自身发展活力。相反，图书馆只有紧跟时代步伐，坚持与时俱进，发挥自身优势，全方位开展信息服务，逐步实现图书馆信息服务产业化，才能既给社会创造巨大的经济效益，也给自身发展带来更大的活力，从而有利于图书馆环境的改善、设备的更新、资料的购进、业务人才的引进和保留。

二、网络环境下图书馆服务产业化的管理模式

（一）图书馆产业化策略

目前，我国图书馆正处于传统事业型向现代产业型过渡时期，许多图书馆在文献信息的生产和流通上已经有了一定的规模，初步形成了产业化的基础，但对

于如何实现产业化，目前还没有一个明确的方案，图书馆产业化可以从以下几个方面考虑：

（1）转变旧观念、调整运行机制。鉴于传统图书的公益性和人们的传统习惯，走产业化道路须转变观念、解放思想，为图书馆的产业化扫清障碍，积极推进图书馆的体制改革，建立新的管理体系，推进以书为本向以人为本观念转变。图书馆要改变阵地服务的方式，主动到信息市场去寻找机会，主动将自己的信息资源推销给用户，同时做好宣传。

产业化下的图书馆应打破原有的图书馆生产、科研及市场分割的封闭格局，形成信息的获取、加工、使用、配置和传播产业链，积极参与知识的生产、消费和收入分配活动，使图书馆的产权得到充分的实现和适度的发展。同时，实行“馆长负责制”，加强对图书馆生产性劳动和图书馆工作价值的合理评估的研究，促进图书馆产业化机制的形成，推动图书馆事业的可持续发展。

（2）加速信息资源建设，开发特色数据库。现代信息产业的发展，离不开先进技术与先进设备的支撑。网络建设是信息服务发展的基础，是实现资源共享的前提。网络服务跨越时空的特点使“天涯海角”的人共读一本书成为可能。由于网络资源快捷方便，内容丰富齐全，越来越多的人已通过互联网来获取自己所需要的信息。在信息市场下，图书馆的馆藏文献具有很大的发展前景与潜在价值，可以结合本馆的优势，有计划、有步骤地组织人力和相关的文献资源，开发特色数据库。这样，一方面满足了社会需要，另一方面又为图书馆创造了经济效益。哈尔滨师范大学图书馆内藏有许多古籍文献，一部分“孤本”曾被誉为“镇馆之宝”，对于学术研究及教育教学都有着极大的宝贵价值，目前该馆已经建立了“古籍馆藏数据库”，深受社会的欢迎，取得了良好的经济效益。

（3）遵循市场规律，建立高效有序的资源共享网络。信息资源共享在我国推行了很久却没有取得多少经济成效，究其原因在于：在原有的图书馆体制下，图书馆对资源共享的态度不积极、认识不够，资源富裕的图书馆害怕在共享中吃亏，资源短缺的图书馆也缺乏从共享体系获取资源的强劲动力。在产业化条件下，图书馆信息资源就成为图书馆产业的一种生产资源，只有在流通的过程中才会产生经济效益。对于资源丰富的图书馆，信息资源共享能盘活其闲置资源，创造经济效益；对于资源比较匮乏的图书馆，通过付出一定的费用，获得其他馆资源的使用权，再经过加工和转让也能创造经济效益。这样一来，信息资源共享就成为产业化图书馆的自发行为。

（4）开展招商引资，多元化资金渠道。长期以来，我国图书馆事业一直依靠政府拨款来维持和发展，实行产业化应调动社会各方面力量来参与图书馆事业的建设。由于资源稀缺性及不可替代性，图书馆凭着独特的文化积淀、知识宝藏和信息聚散能力介入市场，必将使信息资源市场充满活力，如此诱人的市场前景必将会吸引投资者。届时，图书馆定会摆脱多年靠政府财政给养不足的尴尬局面，深受困扰的资金问题定将得到极大缓解。

（5）人力资源建设。人才是发展图书信息产业的决定因素。近些年来，图书馆的人才流失呈上升趋势，优秀专业人才因其工资低、工作重复性强总是很难被留住，留下的员工大都是“老弱病残”，缺乏工作热情，这种状况难以适应图书馆产业化的要求。因此，建立有效的人才激励机制，开展培训、进修多种形式提高馆员素质显得尤为紧迫。产业化图书馆对于馆员会有新的要求，不仅需要掌握图书馆学、情报学知识，同时还需要掌握外语知识、计算机网络技术、多媒体和数据库技术等。

（二）图书馆产业化的有利条件

辩证唯物主义讲究一分为二地看问题，图书馆产业化虽然面临诸多困难，但我们仍应该看到其自身发展优势，并且其产业化条件正日趋成熟。

（1）文献优势。图书馆在文献上有着无可比拟的优势，它有着深厚的文化底蕴和几千年沉积的文化遗产，其知识门类齐全、文献资源丰富，并且对馆藏文献信息具有极强的整序、加工、开发能力是短时间内其他信息服务企业无法赶超的。当前我国一般的社会信息咨询机构大都不具备图书馆这样先进的技术手段和设备，更不具有独立开发数据库的能力。

（2）服务优势。长期以来，图书馆以公益性服务于社会，积极开展无偿的信息服务，在社会中拥有良好的声誉和固定的用户群，这对于产业化的图书馆来说十分重要。图书馆员是信息服务的提供者，而读者既是信息的媒介，又是信息的吸收者。这种交流使图书馆成为信息的“集散地”，产业化之后这种用户群自然发展为消费者群。

（3）经济体制的优势。市场经济体制的建立和逐步完善，为图书馆产业化经营营造了良好的政策环境和社会环境。市场经济的建立，一方面将企业推向了市场，企业的情报信息需求大大增加，企业购买情报也有了较大的经济和心理承受力；另一方面，改变了人们的传统观念，使情报信息生产者和需求者逐渐形成了情报商品和情报市场观念，为图书机构的产业化管理提供了相应的思想基础和体制条件。

此外，图书馆事业改革的探索和研究，尤其是有偿服务的逐步开展，为图书馆产业化奠定了基础；国内的相似行业，如体育、教育产业化的成功经验为图书馆产业化提供了良好的借鉴；图书馆事业目前面临的许多困难推动了图书馆事业的改革，使其成为图书馆产业化的一种内在动力。

（三）图书馆产业化的发展

图书馆作为社会的一种公益事业，许多人认为是不具有产业性质的。现代经济学的劳动价值理论，早就突破了只有物质生产劳动才能创造价值的定论，而是从满足人类物质需要和精神需要的整体劳动上去研究价值理论，不仅物质财富生产部门的劳动能创造价值，精神财富的生产和服务性劳动也能创造价值。图书馆的社会服务活动并不像人们原先想象的那样，只消费价值，而不创造价值。它的特征是直接的投入和间接的产出，即经济投入是直接的、显性的，而经济产出、经济效益却是间接的、隐性的、无形的，它所创造的价值并不表现为馆藏文献信息本身价值的增值，文献信息本身作为一种商品，其价值是在图书馆销售流通过程中实现的。因此，认清图书馆产业化的性质对规范和实现图书馆产业化有着重要意义。

“图书馆产业化”作为一种从经济学角度提出的理论主张，始于20世纪80年代中后期，是随着图书馆事业的改革，特别是在图书馆有偿服务理论探索与实践过程中逐步形成的。图书馆作为一项具有广泛社会性的事业，宏观上来看应属于第三产业——服务业，即为提高科学文化水平和居民素质服务的部门；微观上讲它隶属于信息产业的范畴，信息产业一般可以分为信息制造业与信息服务业，图书馆就是信息服务业的重要组成部分。

那么何谓图书馆产业？它是指以图书馆为主体，在直接参与社会生活和社会再生产过程中，生产、收集、整理、存储和流通各种文献信息产品，提供技术服务，以及开展与图书馆有关的其他生产经营活动的一种非商品化和商品化兼容的产业。图书馆产业一般包括两个部分：一是图书馆本体产业。既包括那些非商品性的无偿服务，如收集、处理、存储和流通物质形态的信息产品的服务业，也包括商品性的文献信息的生产及其技术的咨询服务和经营业，如二次文献的开发利用、数据库服务、技术设备的开发、维护和系统集成服务、咨询、培训、多媒体阅读等。二是图书馆相关产业。主要包括以劳务形式出现的图书馆文化服务行业，如电子出版物、复印、印刷等，还有以图书馆文化为依托的咨询服务，如服装业、设计、装潢、旅游业等。图书馆产业化，就是在确保完成那些非商品性无偿服务的同时，大力发展商品性的服务，以满足社会对信息服务的需要和图书馆自身发展的需要。

（四）图书馆产业化的管理模式

图书馆作为文化事业的一部分，其公益性内容应当继承和保留；同时，为了图书馆事业的发展，又应该对其进行产业化调整，准确把握好两者之间的度，对图书馆事业的发展至关重要。根据产业化程序的不同，把其分为三种类型：

（1）企业化模式。直接进入市场的图书馆不能再由国家经营，通过把所有权和产权分离，把产权和经营管理权交给图书馆，逐步使图书馆成为产权独立、自主经营、自负盈亏、自我发展的经营单位，而面对企业和市场服务的图书馆可以采用这种模式。

（2）“一馆两制”模式。把现有图书馆的一批人才分流出来，从事信息资源开发及其他第三产业，建立各种经营实体。在同一个图书馆中实行企业制和事业制并存的管理体系，一般公共图书馆都可采取这种模式。

（3）有偿服务模式。国家对公益性图书馆应予以经费保证，但由于文献资料数量和价格在不断上涨，国家对公益性图书馆的资金保证越来越难以兑现，致使图书馆在基本建设上捉襟见肘。在这种情况下，国家减少对图书馆的直接管理，赋予图书馆一定的经营权，加强经济管理，实行馆长负责制和经费拨款制等，鼓励图书馆职工面向市场推出有偿情报服务项目，提高经营效益。

（五）图书馆产业化的制约因素

一方面图书馆面临着经费短缺、设施落后，另一方面又面临着信息技术飞速发展、用户需求不断增加，在这种状态下，图书馆的发展举步维艰，制约图书馆的产业化有以下几方面因素。

1.完全依靠政府投资

图书馆作为文化事业的一部分，不以营利性为目的，以公益性为主要特征。作为只讲服务和奉献的图书馆事业，政府投资是图书馆事业发展的唯一来源。然而，随着出版、发行等各项事业的改制，各项业务及行政费用的上涨，政府对图书馆投资越多负担越大，投资的能力相对来说就越萎缩。特别是近些年，随着网络技术日新月异的发展，传统图书馆正向现代化图书馆悄悄发生着转变。建立现代化图书馆，需要大批量引进电子资源及相应的尖端设备，一方面高昂的费用与政府投资严重不足构成了极大的矛盾；另一方面图书馆又无法自给自足，在双重压力下，图书馆陷入了困境。这就迫使图书馆去寻求合理的经费来源，图书馆实行产业化管理成为必然选择。

2.投入、产出不成正比

多年来，图书馆事业的投入和运转被视为单纯的消费，没有建立图书馆事业自身的投入—产出机制和图书馆整体效益的经济观念，以致无法形成“以图养图”的良性循环。许多人通过图书馆取得大量的知识成果，但是由于种种原因，这些成果在投入社会取得经济效益后，却没有使图书馆得到相应的价值实现和补偿，忽视了“谁投资，谁受益”和“谁受益，谁负担”的基本经济原则。人们利用图书馆，作为受益者应该支付相应的代价，然而图书馆的成果却被隐形化了，致使图书馆工作者的劳动得不到其价值的实现，社会地位得不到相应的承认，投资得不到正常的回报，从而制约了图书馆事业的健康发展。图书馆缺乏“造血”功能，经常出现“供血不足”，而一些新兴的信息产业部门，如信息咨询业、信息服务业等都可以堂而皇之地收取服务费。因此，作为知识经济基础产业的图书馆事业应当产业化。

3.不以市场为导向

在传统经济下，主要依靠国家的宏观调控来进行资源配置，这种经济模式直接影响到今天的图书馆依靠国家投资，忽略了社会经济发展需求的办馆思路。图书馆事业的发展不以市场为导向、不以用户需要为出发点，而是盲目按照上级的指示与规定执行，不从实际出发，造成馆藏资源、服务手段大量雷同，低水平重复建设，一方面失去了用户市场，另一方面也造成了资金的浪费，导致了图书馆事业发展的失衡和停滞。因此，只有建立图书馆产业化机制，才能提高文献信息产品的生产和服务效率，满足人们对文献信息的需求。

在图书馆产业化的进程中必须既要抓住机遇借鉴市场机制的作用与功能，又要严格遵循图书馆自身发展规律；既要解决好公益事业与市场经济的关系，又要解决好经济效益与社会效益的关系。发展信息产业是图书馆改革的主攻方向，是图书馆利用自身条件发挥优势的前景让人看好的事业。通过改革，图书馆会确立市场经济观念和市场竞争观念，以适应当前经济的发展，迎来图书馆界新的春天。

第六章 大数据环境下数字图书馆人力资源创新

第一节 数字图书馆人力资源管理的重要性

人力资源管理突破了传统狭隘的“人事”管理范畴，把能动的个人作为一种资源，根据组织内每个人的知识结构与能力结构进行合理地组织和分配，根据科学技术和市场的变化对人才结构进行合理的调整，从而促使人才和其他生产要素实现最佳组合，推动组织与个人的共同发展。面对信息时代的挑战，面对数字图书馆未来的发展，如何加强人力资源的合理规划、开发、维护和使用是一个值得研究的课题。

一、人力资源开发与管理是数字图书馆生存与发展的生命线

数字图书馆的生存与发展依赖于自身的资源，这些资源主要包括三大部分：人力资源、物力资源（馆舍、设备、信息等）、财力资源（即经费）。其中人力资源是第一资源，它使用并支配着其他两大资源。美国图书馆界有这样的说法，在图书馆服务所发挥的作用中，图书馆的建筑占5%，信息资源占20%，而数字图书馆员占75%[①]。在我国，上海图书馆王世伟教授也提出“图书馆员第一”的观点。足见人力资源在数字图书馆生存与发展中具有不可替代的突出地位和作用。

二、数字图书馆现有的人事管理已不适合未来发展的需要

长期以来，我国图书馆的主要工作核心是藏书建设和文献保障活动，即在对所收藏的图书资料进行保存、组织的基础上为读者提供各种服务。在组织结构上采取的是“采—藏—借—阅”式的相对独立的机构设置，以馆藏为中心而开展工作，将文献信息分散管理、自我封闭。与此相对应的，人事管理处于人力资源管

① 李晓琴.新经济时代图书馆人力资源管理创新核心理论［J］.产业创新研究，2020（17）：134–135.

理发展的第二阶段，即传统的人事管理阶段。在这个阶段，劳动人事管理强调以“工作”为核心，人对工作具有适应性，注重“管”住人，强调的是劳动纪律的遵守和服务态度的提高，而对工作人员的素质、服务内涵的深化、服务品种的创新和服务质量的提高没有系统的考虑，忽略了对员工进行继续教育和培训，将其视为成本及费用。这种管理抑制了人的能动性，不利于工作质量的改进和工作效率的提高。新时代的数字图书馆员将不再是传统意义上的图书“管理员”，而是信息专家，其职能重在对信息资源的开发和利用、对用户利用文献信息的教育和培训。未来数字图书馆的工作重心必然转到以服务对象为中心上来，根据服务对象的需要而提供不同的服务，馆员的知识水平和工作能动性将决定服务的质量。显而易见，现有的劳动人事管理制度已不适合新时代数字图书馆发展的需要，必须代之以全新的人力资源管理。这种管理以“人”为中心，寻求“人”与“工作”相互适应的契合点，将“人”的发展与数字图书馆的发展有机地联系起来。

三、人力资源管理是数字图书馆留住人才的有效手段

数字图书馆作为一个社会公益性机构，首先，在物质上不能与某些效益好的其他社会机构相比；其次，一些数字图书馆业务范围小、服务手段落后、社会声誉不佳，影响了工作人员的形象；再次，数字图书馆在传统的人事管理中没有认识到人是一种重要的资源，人才闲置、人才压抑的现象较为严重；最后，数字图书馆界普遍对人力资源开发重视不够，工作人员知识老化，跟不上时代的要求，更谈不上自身的发展。数字图书馆员作为知识和智力的载体，在数字图书馆生存与发展中成为首要因素，优秀的数字图书馆员是数字图书馆最重要的资源。因此，要充分调动图书馆员的积极性，在数字图书馆进行人力资源开发与管理时，应以人为中心，把馆员作为数字图书馆的主体，把人力资源作为数字图书馆制定发展战略和发展规划的依据，关心馆员的个人发展，根据个人的兴趣、能力、发展要求提供相应的工作岗位，设计合理的职业发展道路，并为馆员实现自己的职业目标提供各种帮助。

四、人力资源管理是数字图书馆提高办馆效益的关键所在

数字图书馆的效益是由数字图书馆的场所、设施、信息资源、人力资源等合理地整合而产生的。改革开放四十多年来，我国数字图书馆事业有了长足发展，

数字图书馆的场所、设施逐渐完善，除西部地区外，已基本实现县县有数字图书馆。国家对数字图书馆投入的经费虽不足，但还是逐年有所增加。各级政府对数字图书馆事业的投入也在加大。先进的技术手段陆续引进，现代化设施建设有了不同程度的进展。然而部分数字图书馆的利用率还处于十分低下的状态，而人的因素、人力资源的未充分利用是其主要原因之一。

数字图书馆的采访、编目、信息咨询等业务的学术性、技术性、专业性较强，一般都由受过高等教育的专业技术人员即专业数字图书馆员来担任。数字图书馆员一般具有强烈的成就需求、尊重需求及求知需求，数字图书馆管理者应该充分重视他们的需求，尽量满足他们的个性需求。如今，数字图书馆员承担起了数字图书馆发展规划的参与者、网络化信息资源的组织者及知识的创造者的职能，为使他们适应这些职能，数字图书馆管理者更应当有意识地为数字图书馆员提供、创造各种机会，使他们能通过继续教育、职业培训、在职教育等多种途径提高自己，掌握从事数字图书馆工作所必需的各项知识与技能，从而成为合格的信息工作者。只有充分调动数字图书馆员的主动性、积极性和创造性，才能提高办馆效益，促进数字图书馆事业的发展。加强对馆员的激励和培养，充分发挥馆员在数字图书馆工作中的智慧和潜能，以“主人翁”的态度将个人的发展充分融合到数字图书馆的发展之中，从而创造出充满活力和凝聚力的数字图书馆工作氛围。

第二节　数字图书馆的人力资源管理

一、人力资源及人力资源管理

人力资源是指人的脑力和体力的总和。人力资源管理是指对人力资源的获取、保持、利用和开发等方面所进行的计划、组织、指挥、控制和协调的活动。西方发达国家管理实践和管理理论的演进已经从“工具人”“经济人”阶段正式步入“以人为本”的管理阶段。现代管理者已经认识到，管理首先是人为达到自己的目的而进行的自觉活动。人的任何管理活动都是主观的，因而人是一切管理活动的主体。“以人为本”就是在现代管理活动中应以人为中心，以做好人的工作为根本。传统图书馆管理偏重对信息资源的管理。1999年有人提出“从读者第一”到“图书馆员第一”的新观点，从图书馆管理的角度强调了“馆员第一”的重要性。所谓“馆员第一”，就是要“以人为本”对图书馆进行管理。在数字图书馆管理中，无论是对信息资源的管理，还是对其他资源客体（如设备等）的管理，离开了对人（即“馆员”）的管理，将一事无成。如数字图书馆的信息资源建设，其采编人员是关键，对信息资源的管理，其核心应是对采编人员的管理。因为采编人员的素质（文化素养、政治素养、信息素养、分编技巧等）是直接影响信息资源建设质量的关键。

二、数字图书馆人力资源管理的主要内容

（一）人力资源的信息管理

人力资源的信息管理是人力资源管理的基础性工作，只有把数字图书馆有关人力资源的信息掌握清楚，才能对数字图书馆工作人员进行分类指导和有的放矢的管理，才能使人力资源管理取得最佳效益。人力资源的信息管理包括以下内容。

1.搜集

搜集的内容有人员基本情况[①]、人员的工作业绩、科研信息、思想政治状况、特长等。

2.加工

上述原始信息必须经过一定的加工处理才具有可用性。信息加工就是将搜集来的信息按照一定的程序和方法进行分类、分析、编制，使之成为一份真实的、规范的信息资料，以利于传递、储存、使用和进一步开发。为使加工的人力资源信息具有较强的可用性，必须保证信息的客观性，加工信息时必须坚持从原始的真实材料出发，而不能主观臆断，不能随意修改信息数据。在信息加工过程中，要注意去粗取精、去伪存真、准确无误地做好所搜集信息的定性和定量分析。人力资源的信息加工要完成如下程序：信息分类（按一定标准和工作要求进行）、信息统计分析（将分类的信息进行统计，如按职称分类，高职、中职、初职人员各有多少人）、信息的比较（如职称方面，中职、高职人员各占比例数；又如年龄方面，40岁以上、50岁以上各占多大比例等）、信息的综合处理（对人力资源信息进行相关的统计分析以及纵、横向比较后，再进一步对不同时期、不同侧面

---

① 年龄、工作年限，从事专业，学历，职称等。

的有关信息加以灵活、综合处理，从中得出科学的结论）。

3. 人力资源信息的储存

人力资源信息的储存，是指将已收集并加工整理完毕的信息资料通过计算机或各种媒介，以文字、图表、图像以及光信号、磁信号等形式记录储存下来，建立人才库。

（二）部门设置与岗位分析

科学的部门设置与岗位分析是数字图书馆人力资源计划的基础。数字图书馆的部门设置与数字图书馆的规模、服务对象、服务层次以及周围环境有关。不同的数字图书馆应根据本馆的具体情况及外部环境科学合理地设置部门，明确部门间的关系及每个岗位的责、权、利。真正做到机构精简、高效，确保既能发挥个人和团队的积极性、创造性，又能保持数字图书馆作为一个整体的统一与和谐。

（三）人力资源计划

数字图书馆的人力资源计划是指数字图书馆根据内外环境的现状与发展制订出与员工相关的计划或方案，以保证数字图书馆在当前和将来都能获取合适数量、质量的人力资源，并能在数字图书馆得到发展的同时，满足员工的发展需求与期望。制订数字图书馆人力资源计划应主要考虑以下四个方面的因素：

（1）数字图书馆的环境是在不断变化的，人力资源计划必须具有弹性和前瞻性。

（2）根据部门设置和岗位分析，制订完整的人力资源的绩效考评措施及员工培训计划。

（3）制定公平合理的激励、岗位变更的政策与措施。

（4）创造良好的条件，在实现数字图书馆目标的同时，最大限度地满足员工的需求，尤其要重视员工自我提高和发展的需求。

（四）员工的培训与开发

员工的培训与开发是数字图书馆人力资源管理的重要内容之一，是提高员工素质、提高数字图书馆服务质量的关键环节。员工培训的主要目的是使受培训的员工能获得当前工作所需的知识和技能，而员工的开发则主要着眼于未来长远目标，目的是使员工能学习到将来工作所需的知识和技术。我们必须认识到，及时、连续、有计划地进行内部员工的培训与开发是保持和提高数字图书馆人力资源再生和增值的有效途径。

（五）绩效考评

绩效考评对数字图书馆的各项工作能起到检查和控制的作用，对员工能起到提高当前工作效率和未来工作潜能的作用。要注意的是，绩效不仅仅是指员工的工作实绩，它还包括对工作实绩产生直接或间接影响的员工的行为、素质、意识和潜能。绩效考评是一个对员工担任该岗位职责的履行程度以及是否应对其进行升级或降级所使用的有系统的、有组织的、尽可能客观全面地考核和评价的过程。因此，应把绩效考评作为数字图书馆人力资源管理的核心内容来对待。

（六）人力资源的学习管理

知识创新要求数字图书馆转变为学习型组织，要求数字图书馆职员变为“学习型人”。学习不仅成为员工竞争从业的重要手段，也是员工自我更新、自我实现的最重要途径。学习型数字图书馆的本质特征就是善于不断学习。它主要体现在以下几个方面：

（1）终身学习。数字图书馆要形成良好的学习氛围，促使馆员养成终身学习的习惯。

（2）全员学习。学习不仅仅是普通员工的事，数字图书馆的领导和管理者也应该投入学习，要在全馆形成全员学习的风气。

（3）全过程学习。学习必须贯穿数字图书馆运行的全过程中，不要把学习与工作分割开来，提倡边工作边学习、边学习边提高。

（4）团队学习。数字图书馆不但要重视员工个人学习和个人能力的提高，更要强调员工的合作学习和整体员工素质的提高。此外，数字图书馆要做好人力资源的学习管理，还必须建立相应的激励机制（如竞争上岗、奖惩严明等，促使员工由被动学习转变为要求学习、主动学习、自觉学习），制订学习计划（包括数字图书馆整体学习目标和个人学习目标、计划），定期检查学习效果。

三、数字图书馆人力资源管理的对策和方法

（一）树立人才资源新理念

1.树立“人才资源是第一资源”的理念

人是生产力要素中最为活跃和重要的要素。随着知识经济的发展，人才作为知识的载体，其重要性越来越突出。

2.树立“人才开发”的理念

目前各国都把人才资源开发作为经济发展的战略重点之一，而许多单位领导却存在错误的思想，总认为眼前的马群中没有千里马，殊不知，经过训练，有些马就是千里良驹。所以，我们应该加强对现有人才的开发工作[①]。

3.树立“人才资源合理配置”的理念

数字图书馆具备多种人才，只有创造公平竞争的环境，进行有效的组合，将人才放在最适合他的岗位上，才能最大限度地发挥人才的价值，才能充分发挥群体的良好效应，也才能真正做到人尽其才、才尽其用。数字图书馆管理者应该目光远大，唯才是举，具有护才之魄、爱才之心、容才之量、举才之德。

4.树立“人本管理”的理念

数字图书馆在人员管理上应该借鉴现代企业管理手段，大力提倡“以人为中心”的“人本管理”，努力营造尊重知识、尊重人才、尊重个性的环境氛围。

（二）实行职业生涯开发与管理

具体可归纳为选人、用人、育人和留人四个方面。

1.选人

引入竞争机制，积极引进各类人才，建立合理的人员流动机制，实行公开岗位、公平竞争、公正录用。在学历结构、知识层次、年龄结构、业务能力等方面对人员进行合理调配，积极引进紧缺人才，特别是注重引进既懂数字图书馆业务，又懂现代信息技术的复合型人才，以实现人力资源的合理配置。

2.用人

有了人才，若做不到合理使用，人才再多，也是摆设、是浪费。要实现数字

① 桂勇.浅谈图书馆人力资源管理［J］.贵州社会主义学院学报，2008（04）：62-64.

图书馆人才资源价值最大化，必须做到人尽其才、才尽其用，尽量使每个人能够在自己合适的岗位上充分发挥自己的聪明才智和能力，并能长期保持工作热情和干劲。首先，给每一位工作人员配备合适的工作岗位，根据个人的实际情况和数字图书馆的需要，适时调整其最终的职业发展方向；其次，注意在工作中不断开发工作人员的能力，保证工作人员可以在工作中学到更多的知识和技能；再次，依据每名工作人员的具体情况，如专业、学历、兴趣、技能、发展方向等，为其设计职业生涯道路，最大限度地发挥每一位员工的个人潜能；最后，竞争上岗、择优聘任、严格考核，使每一位员工感受到危机，从而起到激励先进、鞭策后进的作用。

3.育人

现代数字图书馆要求其员工必须具有广博的知识、熟练的技能和一定的科研能力，能在庞杂的信息中去粗取精、去伪存真，为读者提供优质、高效、准确的知识信息服务。数字图书馆员应是一专多能的复合型人才。因而，数字图书馆要重视对员工的培训和继续教育，有计划、有步骤地安排员工在岗、脱岗学习培训，以不断提高他们的知识水平和业务能力。数字图书馆的培训工作应着重以下三个方面：

（1）基本技能培训。主要指为了满足信息时代用户的信息需求，为工作人员提供有关计算机基本操作、网络基础知识、数据库管理、网络环境中的信息搜集与处理、信息检索工具的生成、网络信息的利用、专业外语等方面的培训。

（2）解决实际问题的培训。对于想在数字图书馆事业中成长为一名管理人员的工作人员来说，数字图书馆应为其提供管理方面的培训，帮助他们提高解决实际问题的能力。

（3）对于中、高级专业技术员工提倡“走出去”参加研讨会、学术会议和进修班等知识层次高、创新能力强的业务培训，努力使数字图书馆形成合理的人才和知识结构。

4.留人

数字图书馆属于“清水衙门”，社会地位不高，工作环境比较保守，待遇偏低，所以易造成人才流失、人才压抑、人才涣散的现象。因而数字图书馆要创造出吸引人才、留住人才的机制和环境。比如，提高工资和福利待遇以留住人才，良好的福利和奖励可以弥补收入上的不足，它们作为劳动报酬的重要补充，是吸引人才的一种手段；为员工营造和谐的组织环境和工作环境，凝聚员工的向心力以留住人才，可以采取改善工作条件，提供更多的休闲娱乐机会、培训机会、晋升机会等措施来调动人才的积极性；为员工创造充分施展自己才华的机会和条件来留住人才，建立健全各种规章制度，努力促进公平竞争，给每个人创造发挥才干的机会，使优秀人才脱颖而出；建立科学的工作考核、人才评价的标准以留住人才，深化分配制度的改革，建立以业绩为核心的考核体系，使之与培训、晋级、收入、岗位等相联系。

（三）人力资源的梯次开发

由于个性、气质、学历、智商、情商等因素的个体差异，人力资源在素质上具有不同的梯次。如果把数字图书馆中所有具有劳动能力的在职职工总称为“人力资源”，那么其中具有系统的专业知识、较强的专业工作能力和研究能力、管理能力、创造能力的员工则可以称为“人才资源”，其他员工称为“普通人力资源”。人才资源的质量关系到一个馆的办馆水平和效益。数字图书馆中不同的工作部门、同一部门中的不同岗位，对人力资源素质的需求是不同的。根据人力资源素质的梯次来决定其在馆内分工的地位是人力资源开发的核心。其中要掌握的关键是：

（1）坚持能力本位制，而不是学历本位制和资历本位制。传统的人事制度过分强调学历和资历，事实上，个人素质、能力与学历和资历并不是简单的正比例关系，对学历和资历的过分依赖固然有利于简化人事管理体制，但它给人力资源管理带来的吃老本、熬年头、不思进取、但求无过的风气却是灾难性的。

（2）正视人力资源素质的差异性。就数字图书馆而言，有的馆员具有较深厚的专业基础知识，有的具有较广博的学科知识，有的十分熟悉馆藏……最高明的人力资源管理就是要把每一个人都放在适合他的岗位上，使他的才能得以充分发挥。

（3）馆内分工的梯次代表不同的权利、义务、责任和分配方面的利益。这种权利、义务、责任和利益的梯次应与人力资源素质的梯次基本吻合。由于人力资源的可塑性和可激励性，分工的梯次不应当一成不变，而应根据人力资源的变化情况适时地加以调整。

18世纪，意大利经济学家帕累托（Vilfredo Pareto）根据经验，总结提出了

“20/80法则”，即抓关键的少数。对一个特定的整体来说，重要的因素通常只有20%，而琐碎的因素则是80%，只要控制关键的少数，就能控制整体局面。“20/80法则”提倡的是“有所为，有所不为”，将“20/80”作为确定比值，将其运用到管理中，就是侧重抓关键人、关键环节、关键岗位。将“20/80法则”用于管理数字图书馆人力资源，有可能使效率提升一倍。组织培训时，将80%的投资优先用于业务骨干，对他们进行能力的培训，使他们具有多方位的素质，在业务上创新和超越，致力以知识导航为理念的服务。同时，数字图书馆在按照业务工作的缓急设计培训计划时也不要忽略一般性培训，将20%的投资适当用于职工的普及教育和岗位培训。这样既激励了骨干，又带动了职工。

第三节　数字图书馆的岗位研究和工作分析

人力资源配置要解决三个问题：一是定岗，明确本单位需要什么样的岗位；二是定编，明确本单位需要多少适合本单位发展的个人；三是定员，明确谁是适合本单位发展的个人。定岗、定编、定员是人力资源配置中的基础性工作，它涉及单位业务目标的落实、员工能力和数量的匹配，从而影响本单位运营成本的降低和效率的提高。定岗、定编、定员的目的是实现“人、岗、事”三者之间的合理匹配，以达到“人尽其才，才尽其用”的目的。

一、数字图书馆的岗位研究

数字图书馆的岗位有三个主要特点：一是以“事”为中心而设置，不因人而转移；二是岗位的数量取决于数字图书馆任务的大小、复杂程度等因素；三是岗位是变化的，随着数字图书馆工作任务和责任的变化而发生变化。岗位设置的科学性直接决定着数字图书馆人力资源管理工作的有效性，同时也决定着数字图书馆人力资源管理作用的发挥。

（一）数字图书馆定岗

1.岗位的分类

数字图书馆岗位分类是根据工作性质、繁简难易、责任轻重及所需人员资格条件的不同对数字图书馆全部岗位所进行的划分。一般可把数字图书馆的岗位分为业务岗位、工程技术岗位、管理岗位、决策岗位以及总务管理岗位等。

（1）业务岗位：主要是指从事文献采集、分编、读者服务、参考咨询等业务。

（2）工程技术岗位：主要是指利用计算机等现代化技术和设备从事信息服务，以及网络信息的传输和维护等各类专业技术的岗位。

（3）管理岗位：主要是指数字图书馆各部门、科室的主任，或者是数字图书馆的馆长，他们的职责是管理一个基层单位。

（4）决策岗位：主要是指数字图书馆的最高管理层，如数字图书馆的分管领导、数字图书馆馆长、副馆长或分管各个部门、科室的负责人等。

（5）总务管理岗位：也称“勤杂岗位”，如从事复印，馆舍、设备维护等工作岗位。

2.岗位设置的原则

（1）最低数量原则：数字图书馆岗位设置应该根据数字图书馆业务和管理的需要来定，“因事设岗”，而不是“因人设岗”，岗位设置不宜多，数量要尽可能少，目的是使所有的工作尽可能集中，从而降低人力资源成本。每一个岗位的工作人员都应该承担多个责任。数字图书馆根据员工的能力和岗位要求，在设定部门的职责以后，由部门人员分担整个部门的责任，明确最低员工数量。

（2）有效配合原则：岗位设置的时候，对承担的责任进行划分。一般区分为主责、部分和支持三类。主责是指某一个人所负的主要责任；部分指只负一部分责任；支持是指责任很轻，只协助他人。每个人的主责、部分和支持一定要划分清楚。

（3）关系协调原则：协调是指岗位之间的责任不交叉、没有空白。每项工作都尽可能要有负主责的员工，又有配合的员工，还有做支持性工作的员工。负主责的员工一般由高学历、具备多学科专业知识和掌握现代信息技术的人员组成，主要负责数字图书馆数字化信息的开发、组织加工与服务工作。做配合与支持工作的员工一般由低学历及学科知识单一的人员构成，主要负责开展数字图书馆传统的日常工作。

（4）动态性原则：随着内外环境的改变，数字图书馆的功能得到不断强化与提升，业务工作得到不断拓展，新的业务不断增加。因此，岗位设置要有灵活性，出现问题能够进行动态性的微调，并由此增设新的业务岗位，或者提取各岗位具有共同的特色化工作内容组合成新岗位。

（二）数字图书馆定编

定编就是按照一定的程序，采用科学的方法，从数字图书馆组织条件出发，合理确定组织形式、规模以及人员配置数额。数字图书馆编制有广义和狭义之分。广义的编制包括组织结构的设计、工作岗位的配置，结合数字图书馆的业务范围、发展方向和人力、物力、财力状况进行编制，是全局性工作。狭义的数字图书馆编制仅指岗位设置，也就是合理地设置工作岗位的类型和数量，是人力资源业务部门在规定的组织结构基础上，围绕岗位设置和人员配备所进行的工作。

数字图书馆定编的内容：一是按照组织结构的设计确定各个部门的工作岗位，包括工作岗位的性质和数量；二是根据工作岗位的要求确定所需工作人员的种类和数量。

（三）数字图书馆定员

1.数字图书馆定员的概念

数字图书馆定员是在数字图书馆定编的基础上，严格按编制数量和岗位的质量要求为数字图书馆每个岗位配置合格的人员。定员作为一项基础性工作，是数字图书馆科学组织劳动力，并在此基础上进行现代化管理的必不可少的先决条件。定员是数字图书馆开展工作的科学依据，是实行人力资源的优化组合，充分调动工作人员的积极性、主动性和创造性的重要措施。数字图书馆定员也是加强劳动纪律的基本保证，是实行责任制的必要条件。

2.数字图书馆定员分类

（1）按照工作性质的不同，可将数字图书馆员工分为管理员、专业技术人员、管理人员等。

（2）按照工作范围的不同，可将数字图书馆员工分为一线工作人员和二线工作人员两大类：①一线工作人员是指直接与读者打交道的员工，包括图书借阅部门、报刊阅览部门、电子阅览室等相关部门的工作人员及其直接管理者。②二线工作人员是指不直接与读者打交道的员工，包括行政（业务）管理人员、采编部门工作人员、信息检索部门的工作人员等。

3.数字图书馆定员方法

（1）按岗位定员：根据岗位的多少，以及岗位的工作量大小来计算定员人数。比如，直接与读者打交道的一线工作人员就应当比二线工作人员的数量多一些。

（2）按比例定员：按照与数字图书馆员工总数或某一类人员总数的比例来计算定员人数。

（3）按班次定员：根据班次、人员出勤率来计算定员人数。比如，一般数字图书馆的阅览室都有上午班、下午班和晚班，这应当成为考虑定员的因素之一。

二、数字图书馆的工作分析

（一）工作分析的含义

工作分析，也可以称为“职位分析”“岗位分析”，是指根据工作内容分析工作的性质、繁简、难易和责任轻重，执行工作应具备的学识技能与经验，进而制定担任工作所需的资格条件。或者说，工作分析是一个完整的确认工作整体，以便为管理活动提供各种有关工作方面的信息所进行的一系列工作信息收集、分析和综合的过程。它也是指了解组织内的一种职位，并以一种格式把与这种职位有关的信息描述出来，从而使其他人能了解这种职位的过程。

（二）数字图书馆工作分析的作用

（1）通过工作分析，能够明确地制定工作岗位近期和长期的目标，使数字图书馆各项业务职责更加明确，澄清岗位责任的边界，可使员工确切了解自身的职责、自身工作岗位与其他工作岗位之间的关系，以及在数字图书馆中的地位，从而可以集中精力完成本职工作，以保证数字图书馆全局工作的顺利开展。避免了工作中互相推诿、责任不清等现象。

（2）通过工作分析，为数字图书馆用人提供了依据。工作分析的结果可以有效地为人事预测和计划提供可靠的依据。既是数字图书馆引进、补充人力资源的依据，也是馆内员工选拔、流动、调整的依据。招聘时主要看应聘者是否具有完成某个岗位工作任务的能力，避免了因人设岗和用人的盲目性。

（3）通过工作分析，为数字图书馆科学的绩效管理提供了依据和标准。建立在工作分析基础上的岗位评价标准减少了评价的主观因素，提高了考核的科学性。

4.通过工作分析，为数字图书馆制订员工培训计划提供了依据。数字图书馆可以根据实际工作要求和人员的不同情况，有区别、有针对性地安排培训内容，制订培训方案，以培训促进工作技能的发展，提高工作效率。

（三）数字图书馆工作分析的内容

工作分析作为人力资源管理的一项职能活动，其主体是工作分析，客体是组织内部的各个职位，内容是与各个职位有关的情况，结果是工作说明书，也可以叫作“职位说明书”或“岗位说明书”。

具体来说，工作分析就是要为管理活动提供与工作有关的各种信息，这些信息可以用“6W1H”加以概括，即Who，谁来完成这些工作？What，这一职位具体的工作内容是什么？When，工作的时间安排是什么？Where，这些工作在哪里进行？Why，从事这些工作的目的是什么？For whom，这些工作的服务对象是谁？How，如何来进行这些工作[①]？

通过工作分析，我们要回答或者要解决以下两个主要问题：

第一，“某一职位是做什么事情的？”这一问题与职位上的工作活动有关，包括职位的名称、工作职责、工作的要求、工作的场所、工作的时间以及工作的条件等一系列内容。

第二，“什么样的人来做这些事情最合适？”这一问题则与从事该职位的人的资格有关，包括专业、年龄、必要的知识和能力、必备的证书、工作的经历以及个性特征等。

（四）数字图书馆工作分析的结果——工作说明书

工作分析的最终结果是编写工作说明书，工作说明书是对每项工作的性质、任务、内容、责任、权限、处理方法，以及工作人员应具备的资格条件等的书面记录。数字图书馆工作说明书应包括岗位名称、岗位职级、津贴数量、所属部门、岗位类型、岗位简介、岗位职责、纵向关系、横向关系、馆外合作关系、岗位工作量、上岗条件和工作考核等要素。

---

① 王欣.新时期图书馆管理工作创新研究［J］.办公室业务，2020（03）：175-176.

第四节　数字图书馆的团队管理

团队管理就是优化群体结构，发挥群体的智慧和力量，最大限度地对人力资源进行有效整合，是数字图书馆快速回应读者需求，提升服务效率，求得“人力资本”能量的最大化释放，提高其核心竞争力的重要手段。构建团队，协同与合作是数字图书馆在网络信息时代生存与发展的客观要求，是数字图书馆紧跟时代步伐，与时俱进的必然选择。

一、数字图书馆构建团队管理的意义

（一）有利于实现人才资源的最优整合

团队管理能够实现数字图书馆人才资源和社会资源的最优整合。由于国家、地区经济发展不平衡，对人才需求的数量和质量也是不平衡的。如北京、上海、深圳等大型数字图书馆所强调的人才缺乏与中小型数字图书馆所强调的人才缺乏不是一个层次上的含义。同样，公共数字图书馆与高校数字图书馆的人才缺乏也不具有同等意义。这说明“优秀人才”的概念具有环境的相对性，因此，从整个社会角度来讲，需要建立一种人才共享机制，以求得人才利用的最高效率，实现人才资源的最优整合。

（二）有利于实现数字图书馆的管理创新

1.思维创新

从系统观点出发，团队管理能够发挥团队的智能效应，这种效应往往大于团队中每个单独创造能力的总和，通过团队中成员之间的信息交流，共享知识和技术，可以产生“思维共振”，进而发挥创造性思维，有可能在较短的时间内得到富有成效的创造性成果。

2.管理创新

团队管理具有自我管理、集体负责、高业绩的特质，客观上打破了单纯层次管理的弊端，成员的参与具有很强的内激励，在团队中，大家地位平等，享有同等的发言权。管理者把决策权下放给团队，更能体现民主性，提高决策的正

确性。团队领导根据成员本人条件分配岗位，确保每位成员明确自己的责、权、利，从而发挥各专业人才的优势，取得综合效益，提高工作质量。

3.增强学习能力

团队学习能力是指团队成员对新知识、新观念、新事物的理解能力、吸收能力和整合能力。因此，数字图书馆管理者应把数字图书馆建成学习型组织，倡导终身学习。学习型组织的最大特点是：学习已成为员工个人及部门主管和团队等组织的共同职责，学习与工作已不可分割地联系在一起，学习与工作中的创新已成为整个组织系统的自觉行为，能够使整个团队的学习和创新能力始终处于一个较高的水平。通过团体学习、统一认识、统一奋斗目标，使团队成员分散的力量得到整合，有利于提高数字图书馆的学术地位，最后达到远远超过个人愿望的共同愿景。

（三）有利于馆员自我价值的实现

随着社会的进步人们需要满足各自不同的需求。人性需求的变化要求组织进行相应的变革。在数字图书馆中实行团队管理，能够在满足个性需求方面取得令人满意的结果。团队可以满足人才本身自我实现的需求，可以获得地位、自尊、归属、权力及实现目标的需要。可以给那些有才华、有能力的个体以足够的表现机会。通过这种有效形式展示自身才华和能力，个人的能量得以激发，相关的知识或能力往往能跳跃式地向前发展。在面对复杂问题时，有利于与他人在知识与认识方面的协作，有利于不同个体和整个群体克服自身的局限和认识的偏颇，从而能比较深刻地接触到真理或揭示真理，使个人成长更快。

二、数字图书馆实现团队管理的设想

数字图书馆面对市场经济的挑战，只有通过团队的力量与共同行动，依靠一个共同理想与愿望，才能维系个人目标与数字图书馆目标的协调统一，运用集体的智慧来提高组织的应变能力和创新能力。数字图书馆只有在人力资源上进行有效整合，取得优势，才能弥补其在人力、资金、技术、管理方式等方面的不足。

（一）设置清晰明确的团队愿景

愿景是团队为之共同奋斗的理由，正是由于愿景的存在，才使得具有独立自主权的个体相互依存，这对于数字图书馆的可持续发展是至关重要的。所以，数字图书馆管理者首先必须设置清晰明确的团队愿景，并使之成为全体团队成员自愿采纳的共同愿景，以促使团队成员朝着共同的方向迈进。在团队成员致力实现愿景的过程中，管理者必须不断地提供绩效反馈，与团队成员进行有效沟通，从而为团队成员提供及时、正确的指导和咨询，以利于团队共享目标的顺利实现。

（二）组织学术研究群体

数字图书馆工作人员可根据学术研究的需要而灵活构成各种学术研究群体。如由学科带头人作用下所自然形成的服务科研群体、由课题组若干研究人员所形成的各种科研群体、由对同一学科领域感兴趣而逐渐形成的各种学术沙龙群体、以友情为“纽带”所组成的学术群体等，也可突破数字图书馆内部人员的局限，利用对文献信息检索、评价的自身优势及数字图书馆丰富的资源优势参与馆外学术群体，发挥独特的作用。这些群体协作是培养学术人才、深化学术研究的特殊“土壤”，它对提高数字图书馆人员群体素质、提高服务质量具有重要意义。

（三）营造以信任为基础的团队文化

团队的高效运行需要的是一种能够得到大家的认同并实现既定目标的以信任为基础的团队文化。在数字图书馆的团队里，应致力于提高团队的凝聚力，加强沟通，改善人际关系，建立多元化的激励模式，实现价值共享，充分发挥团队成员的主动性、积极性和创造性。因此，团队的领导者在致力于营造以信任为基础的团队文化时，必须意识到不同成员或环境的重大差异，尊重差异并利用差异，从而充分发挥人的作用，有效地进行跨文化管理，提高团队的效率。

（四）设立工作小组或委员会

可根据工作的性质与任务成立常设性工作小组或委员会，以团队形式开展工作。根据各种不同的业务需要设立各种委员会，使馆员参与的机会更多，做得更好。团队可以由同一部门人员组成，也可以跨部门组成。团队把不同学科和能力的人有机结合起来，共同解决单凭一个人的力量无法解决的问题（如参考咨询、信息开发、多媒体技术等），从而不断提高工作质量。如香港科技大学数字图书馆成立了信息服务委员会、采购委员会、编目委员会、馆藏发展委员会等。

（五）建立质量改进团队

质量改进团队通常由6—8位来自同一部门或跨部门的数字图书馆员、读者、数字图书馆供应者、高校学科专家等组成。团队的主要任务是提出需改进的业务流程或需解决的关键问题。团队成员定期聚会，利用掌握的各种工具和技能分析问题、解决问题。如采访工作可由采访人员及服务部门的骨干共同圈定书目，再由质量改进团队成员审定，以提高采访的质量。

第七章　大数据环境下数字图书馆的实践创新

第一节　泛在网络的手机图书馆信息服务

一、泛在网络的含义及特征

（一）泛在网络的含义

泛在图书馆（Ubiquitous Library）是近几年才出现的新词汇。1999年，Michael Keller用“泛在图书馆”这一词来描述对重要内容的网络检索；2003年韩国学者李恩奉认为，泛在图书馆是指用户能应用信息设备随时随地获得所需信息的数字图书馆，并且能够通过集成的有线或无线宽带网迅速提供相关信息①。2003年12月，由Charles Blowy博士领导的团队直接将“泛在图书馆”作为马里兰大学图书馆未来五年发展的新导向，使“泛在图书馆”这一术语在校园里得到了广泛传播。Charles Blowy同时指出“泛在图书馆”是一个比虚拟图书馆、数字图书馆、电子图书馆更加贴切地定义未来图书馆的专业术语，并且强调用这样一个具有特殊意义、与时俱进的术语去描述图书馆的现状和未来是非常重要的。“泛在图书馆”的意义不在于提出了一个概念，而是揭示了图书馆存在的本质和未来前景，其意义是深远而非同寻常的。它彻底改变了图书馆只服务到馆用户的限制，而是无缝地、动态地、交互地融入用户的过程之中，将服务延伸到一切有用户存在的地方，真正体现了图书馆的服务本质和社会使命。泛在网络从字面上来讲就是无所不在的网络，即无论用什么数字终端都可以随时随地利用宽带网。“泛在”的英文为Ubiquitous，它来源于拉丁语，意思是普遍存在、无所不在。无所不在包括五个方面，即任何时间、任何地点、任何设施、任何内容、任何人对各方面的内容可以畅通无阻地传播，而现在通常被理解为互联网环境在任何时候和任何情况

① 钟鑫.建设网络化自动化图书馆信息服务系统的现状与研究［J］.科学咨询，2020（019）：90.

下都可以处于全面互联的状态，泛在网络的核心也就是无所不在。泛在网络有两层重要含义：一是随时随地的网络；二是网络的通信超越了人与人的通信，继而出现了人与物的通信、物与物的通信，从这两个层面延伸就可看到泛在网络真正的前景。目前，最先提出泛在网络计划的日本和韩国都在努力推进信息技术研究，都在努力确立各自在信息技术领域的领先地位。通过“泛在网络”计划，两国的信息网络不但得到了完善，而且在一些尖端的信息技术方面也得到了很好的推动。

（二）泛在网络的特征

泛在网络是一个新生概念，但它已呈现出以下日渐清晰的特征：

（1）泛在性、异构性。多种接入方式，多种承接方式融合在一起，实现无缝接入；任何对象（人或设备等）无论何时何地都能通过合适的方式获得永久在线的宽带服务，并可以随时随地存取所需信息。

（2）自组织、自愈性。节点动态智能地接入网络，并具有分布式管理的功能特点，网络具有高抗干扰、抗故障能力，网络节点具有自我恢复能力。

（3）开放性、透明性。网络技术对业务及用户体验是透明的，用户无须关心网络状态以及采用何种技术来接入和承载。

（4）移动性、宽带性。泛在网络环境的基础是高带宽接入。基于铜缆光纤的上下行对称宽带接入、基于OFDM.802.1X的固定高速无线接入、基于3G/4C的移动高速数据接入也将被广泛应用。

（5）多媒体协同性。数字化多媒体化的信息服务将融入人们日常工作生活中，并起到方便生活、提高工作效率之功效，信息整合和服务协同是泛在网络的核心。

（6）对称性、融合性。用户不是被动地接受服务，而是可以主动地创造服务。网络作为基础构架，可向其他行业提供信息通信服务，实现对信息的综合利用，提升个人、企业、家庭的生活质量及工作效率。

从以上特征可以看出，泛在网络不是颠覆性的网络革命，而是对传统网络潜力的挖掘和提升，它将为手机图书馆的信息服务提供广阔的发展空间。

二、泛在网络下手机图书馆信息服务的目标

（一）泛在网络拓展了手机图书馆信息服务空间

手机图书馆，也称移动图书馆或无线图书馆。它由手机终端、移动接入互联

网和数字图书馆系统三个部分组成，是将无线通信网络和数字图书馆系统结合起来，利用手机终端延伸、拓展传统的图书馆服务，可以随时随地进行信息传输与服务，是图书馆向数字化发展的新方向，手机图书馆服务将极大地方便读者，提高图书馆的服务效率，同时也可以为读者提供实时性和个性化的信息服务，而且由于手机的双向交互功能，读者可以利用手机主动点插和定制自己所需的各种信息，使图书馆的服务由被动服务向主动服务转变。目前已经开发的和正在研制的手机图书馆，概括起来主要有以下服务功能：图书借阅查询、图书预约、图书续借、图书到期提醒、读者证事务、新书信息公告、参考咨询、读者留言、讲座信息及预定、书目信息查询移动阅读、个性化定制服务邮件、论坛和博客服务、读者荐书和选书等。根据手机移动通信技术的现状，手机与数字图书馆的技术连接方式主要由手机短信息与手机无线上网两种短信息连接，主要通过手机短信息发送指令的方式进行服务，信息内容以短小精练的文本为主，服务特色主要体现在信息的及时性和互动性两方面。它适合一些提醒信息、互动参与查询信息及个性化定制类信息服务，无线上网连接，可以提供图形化的访问界面，用户可以更方便、更自由地进行大容量图书信息的查询和阅读，除了一些基本信息的查询服务外，图书阅读功能也可在手机上实现。

国内图书馆使用的移动通信技术以手机短信为主，部分图书馆开通了WAP网站，提供的服务内容也多以短信息通知提醒续借为主，功能还比较简单，短信服务是目前国内手机图书馆最主要的服务模式之一。随着泛在网络和智能手机的普及，手机平台与互联网结合成一个新的网络——移动互联，甚至出现移动泛在业务环境，它可向人们提供随时随地跨网的移动信息服务。作为移动信息服务的手机图书馆，它的最大优势在于打破了利用计算机进行搜索获取信息的终端局限性，让在某个时间不方便上网或暂不具备网络条件的用户，能更为方便地通过随身携带的手机随时随地获取所需的信息。泛在网络的出现，拓展了手机图书馆广阔的信息服务空间，它将使数字图书馆随时随地的信息服务逐渐变成现实。

（二）泛在网络促进了手机图书馆信息服务目标的实现

提供无所不在的服务型、开放型、融入用户过程、随时随地地以用户为中心的数字图书馆个性化信息服务将成为泛在网络下手机图书馆信息服务追求的目标。虽然目前国内外一些图书馆已开展手机图书馆信息服务，但由于自身建设的不足和移动终端存在的缺陷，手机图书馆的移动信息服务发展受到了一定程度的制约。主要表现在：一是数据传输速度慢，即使是WAP服务也受制于传输带宽。二是手机终端功能的缺陷，手机屏幕较小，提供文本格式单一，不支持多媒体信息；信息交换平台与无线通信设备不兼容；标记语言标准的不一致等造成了用户寻址困难，阅读不便。然而，泛在网络的普及和提升，智能手机系统功能的增强以及无线用户数量的不断增长，年轻的一代读者电子阅读习惯的逐步形成，以及图书馆自身服务网络的完善，博客、搜索、社区、位置服务、多媒体远程教育等都将在移动互联网上出现，这一切将使手机图书馆真正实现以用户为中心的信息服务目标。

三、泛在网络下手机图书馆信息服务的实施策略

（一）普及泛在网络

为了让泛在网络真正实现网络无处不在和应用无处不在，首先，要实现不同网络的融合，高度普及先进的基础设施。现有的电信网、互联网和广电网之间，固定网、移动网和无线接入网之间，基础通信网、应用网和射频感应网之间都应该实现融合。尤其在通信IP化、移动化、宽带化的发展大潮下，无线宽带技术越来越成为业界关注的重点。无线宽带技术正在无线广域网、无线局域网以及短距离无线接入等多个层面上不断创新，实现了多层次的广泛覆盖，技术的不断发展为移动泛在网络的产生奠定了物理基础。在融合的无线网络环境，3G将成为公共的无线通信平台，它的出现能够让宽带互联网“走到”地球上的每一个角落，这在很大的程度上实现了泛在网络的概念。新的“三网融合”将从不同的领域、不同的角度和不同的侧面加速推进，为未来的泛在网络社会奠定坚实的网络基础。

其次，应建立泛在网络可用性和互通性的标准化保障体系，泛在网络在全球正从设想变成现实，从局部应用变为规模推广，需要多方面的支持，而技术的标准化是泛在网络大规模应用的重要推动力。通过标准制定将市场上各自为政的利益主体聚集起来，形成合力，使之朝着共同的方向进行技术创新、产品开发、大规模生产，并引导泛在网络产业健康有序发展。目前泛在网络标准体系有四个重点研究方向：下一代网络技术标准传感器网络技术标准、射频识别

技术标准和对象标志技术标准，由于泛在网络涉及网络技术异常复杂，其技术标准也多种多样，标准化研究仅靠某一部门、某一企业是难以完成的，为了加快我国的泛在网络技术标准研究，有必要由国家主导建立一个泛在网络标准化机构。

最后，积极开发和应用无线技术，建设“无处不在的网络”不仅要依靠有线网络的发展，还要积极发展无线网络。其中Wi-Fi、3G、ADSL、FTTH、电子标签、无线射频等技术都是组成“无处不在网络”的重要技术，使包括计算机在内的所有电子终端及物品都处于可随时连接互联网的环境之中，而每个人都可以同时利用多个网络，借助统一的智能终端让用户获得最佳的业务体验，最终实现“移动泛在业务环境（MUSE）”的设想①。

（二）加强图书馆数字资源的整合

数字图书馆是未来图书馆发展的主要形态，由于各数字图书馆发展不平衡，信息资源层次开发不理想，数据库建设市场化和产业化程度低，各门户网站建设程度不一，造成用户通过移动互联网共享和访问数字资源困难。因此，必须加强数字资源的整合，以此提供统一的检索平台和信息服务体系。泛在网络下图书馆数字资源的整合方式主要是信息整合。所谓信息整合，主要是通过某种机制或标准，集成描述链接不同类型、不同来源，不同载体的数字资源，使相对独立的信息实体之间产生联系，实现数字资源之间的全方位整合和一步到位的获取。基于信息的整合分为信息链接的整合和信息门户的整合，其中信息门户中的学科信息门户是目前数字图书馆对数字资源进行整合的重点，并呈现出以下发展趋势：一是在资源整合的内容上，除了对以互联网上可以获取的公共资源为主体的外部资源进行整合外，还应将当地馆藏资源（包括馆藏OPAC书目数据库、全文数据库和特色资源库等）集成到信息门户中，与网络学术资源构成一个完整的学科资源体系实现两种资源在统一界面上的无缝存取，例如，中国人民大学的“经济学学科知识门户”；二是在资源整合方式上，应以知识组织体系（领域本体知识库、概念图，主题图）代替传统的分类体系与主题词表，对资源进行基于知识的整合，由信息门户向知识门户演化。通过学科信息门户，数字图书馆可以根据学科研究和教学的需要，集成整合学科领域的核心和相关学术资源，为专业用户提供

---

① 万艳.网络环境下信息服务的特点及图书馆发展探索［J］.锋绘，2020（01）：193.

一个有效利用领域学术资源与服务的入口，从而为手机图书馆提供数字资源利用的支撑平台。

（三）提供手机图书馆的基本信息服务

（1）手机短信服务。短信功能是手机的特有功能，利用其短信接收功能可以接收图书馆短信平台上发给读者的通知、通告和一些实时信息。另外，读者还可以利用智能手机接收图书馆通过短信平台发来的提醒短信，如还书、预约、账户款项、催还、预借、超期提醒等。

（2）移动阅读。移动阅读可使读者从传统阅读的时间和空间的限制中脱离出来。它利用智能手机和移动网络连接图书馆的电子资源服务器，对图书馆的电子图书、电子期刊或其他电子资源进行在线查阅，且不受时间和所处地域的限制，移动阅读不仅节约了读者大量的时间和精力，而且大大提高了馆藏电子资源的利用率。如国家图书馆经过试运行，建成了手机阅读服务模块，目前可为读者提供20余种报纸和1000余种图书的数字信息服务。

（3）浏览和下载。用户可以通过手机浏览和下载图书馆所提供的信息资源，内容除了文字外，还包括图片、音频和视频等多媒体资源。

（四）构建手机图书馆信息交流的智能系统服务平台

智能手机将成为泛在网络无线通信的主要终端之一，它让泛在网络无所不在，所谓智能手机，是指借助无线移动网络实现手机与计算机服务器之间的交互式通信，其功能除了具有传统的通话功能外，还包括网络计算机、掌上计算机、接收短信和便携移动等功能，融合3C的智能手机必将成为未来手机发展的新方向，智能手机具有以下特点：

（1）具备普通手机的全部功能，能够进行正常的通话、发短信等手机应用。

（2）具备无线接入互联网的能力，即需要支持GSM网络下的GPRS或者CDMA网络下的CDMA1X或者3G网络。

（3）具备PDA的功能，包括PIM（个人信息管理）日程记事、任务安排、多媒体应用、浏览网页。

（4）具有一个开放性的操作系统，在这个操作系统平台上可以安装更多的应用程序，从而使智能手机的功能可以得到无限的扩充。

（5）具有人性化的一面，可以根据个人需要扩展机器的功能。

（6）功能强大，扩展性能强，第三方软件支持多。

（7）电子邮件可能是智能手机用户所需的最重要功能，但随着连接性的提高，智能手机还有更多的潜在功能，如支持Web2.0服务等。

总之，智能手机为用户提供了足够的屏幕尺寸和列宽，既方便随身携带，又为软件运行和内容服务提供了广阔的“舞台”，很多增值业务可以就此展开。结合3G通信网络的支持，智能手机势必将成为一个功能强大，融通话、短信、网络接入、影视娱乐为一体的综合性个人手持终端设备。智能手机把泛在网络和数字图书馆的信息服务相结合，为手机图书馆的服务提供了信息交流的智能系统服务平台，使图书馆的服务融入人们的学习和科研，是实现泛在网络下图书馆信息服务无所不在的最佳方式。

（五）融入Library2.0的服务理念，实现手机图书馆服务的延在化

Library2.0是Web2.0理念与技术所引发的图书馆现代服务的新阶段，是一种先进的服务技术和“以用户为中心”的服务精神的结合，它倡导图书馆打破原有被动的服务方式，积极主动地参与读者的生活，真正使图书馆无所不在和“以用户为中心”，这就要求手机图书馆应根据用户的差异化需求，利用泛在网络和智能手机技术积极进行信息环境的构建，在发挥手机短信服务功能的同时，对图书馆的服务理念不断进行创新，并与Library2.0的服务相结合，把其技术渗入手机图书馆服务的各个领域，再生成新的信息服务。

第二节　数字图书馆企业化运营实施

在信息社会的快速发展下，数字图书馆已成为人们生活学习中不可或缺的一部分，同时数字图书馆的发展也成为衡量一个国家信息化程度的重要标志。但是，作为新经济时代的产物，数字图书馆的投入之大、技术更新之快是传统图书馆无法相比的，如果没有一定的实力做后盾，将很难正常运转下去。由于我国目前还无法长期不断地投入足够的资金来保证数字图书馆的建设与发展。因此，只有依靠自身主动的发展才能使其不在激烈的竞争中消失。

一、数字图书馆企业化运营概述

（一）数字图书馆企业化运营的概念

数字图书馆企业化运营，其目的是提高运行的效率，在兼顾社会效益的前提下，在保护知识产权和实现信息资源共享的基础上，按照企业运营的模式，实现一定经济效益的市场化运营模式。企业化运营的核心是运用市场经济的手段，对数字图书馆的有形资产和无形资产进行市场化运作，建立符合市场经济要求的投资新体制。

（二）数字图书馆企业化运营的特点

现代企业的一般特点包括产权清晰、权责分明、政企分开、自主经营、机制健全、行为合理、管理科学、注重效率，数字图书馆作为一种高科技企业，除了具有这些特点外，其企业化运营还需要有其他的特点，具体有：

（1）在其产权管理当中，对于知识产权的管理要重于对有形和一般无形资产的管理。

（2）由于人力资源和知识技术资源是数字图书馆企业的重要资源，所以数字图书馆对人力资源的投资成为重点。

（3）数字图书馆通过数字网络化的技术手段生产出知识密集型的、无形的知识产品，进而间接地把科学技术转化为生产力，为社会公众提供了对信息知识的需求。此外，数字图书馆是以计算机网络化作为管理各种信息资源的基本手段，通过网络系统来实现真正的信息资源共享。

（三）数字图书馆企业化运营的必要性

在社会信息化的发展下，数字图书馆对我们的日常生活帮助相当大。建设和发展数字图书馆所需的投入大、周期长，但见效却很缓慢，如果没有相当数量的、连续的资金投入是无法维持其运行的；数字图书馆的发展不仅为我们获取大量的信息资源提供了便利，同时对保护知识产权也提出了挑战。数字图书馆要得到持续的发展，就要将这一问题先解决好。但是如果数字图书馆仅注重社会效益而忽略了经济效益，那么加大对知识产权的保护力度所需的费用就难以得到满足，这样一来，数字图书馆的持续发展自然也就得不到实现。因此，为了保证数字图书馆的发展，必须对其进行企业化的改造。

二、数字图书馆企业化运营的实现

（一）数字图书馆企业化运营应具备的条件

要使数字图书馆实现企业化运营，首先，要明晰资本产权主体。而资本运营最重要的条件之一就是资本产权主体要清晰，这也是选择资本运营方式的基础，只有做到产权主体清晰，才能调动资本主体的积极性，进而对其资本运营进行有效的管理①。在我国，传统图书馆的产权主体是国家，那么以其为基础而建设的数字图书馆产权主体自然也是国家，在现在的数字图书馆其产权主体也仍然是国家。政府作为其产权主体，既要为其投资，又要替其承担运营风险，在这种运营模式下，不但给政府造成了很大的负担，而且对数字图书馆自身的发展也非常不利。因此，数字图书馆企业化运营必须明晰其资本产权主体，建立现代企业制度，从数字图书馆建立伊始就将其纳入现代企业管理的范围，使数字图书馆健康地发展下去。其次，还必须明确资本运营的主体。数字图书馆企业化运营的根本目的是实行资本运营，而要达到这一目的就必须使数字图书馆自身成为合格的资本运营主体。由于国家是资本产权主体必须与数字图书馆企业这个资本运营主体相分离，政府应当只是为数字图书馆企业化运营创造一个良好的外部环境，而不应当直接参与资本运营，从而使数字图书馆成为具有独立法人资格的经济实体，在政府的监管之下实现资本的保值、增值并对其经营风险承担责任。

（二）数字图书馆企业化运营的经营形式

推动数字图书馆企业化运营就必须对数字图书馆及其资产和产权进行重组，使数字图书馆成为与市场经济相适应的经济实体，实现自主经营、自负盈亏的市场主体。数字图书馆企业化运营，其经营形式可以有许多选择，而股份合作制就是其中的一种选择。因为股份合作制兼有股份制和合作制的特点，有利于资本所有权的多元化以及财产所有权发挥其作用。此外，托管经营也是数字图书馆企业化运营的一种选择。从数字图书馆的角度考虑，托管经营不仅能够盘活其资产存

---

① 张静.数字化时代下企业档案管理工作开展策略［J］.城建档案，2020（04）：76–77.

量并使其增值，还能够防止数字图书馆国有知识资产的流失。

（三）数字图书馆企业化运营的经营策略

1.市场经营策略

有市场才可以健康经营，而对于数字图书馆来说，消费者的需求就是数字图书馆发展的基石，因此，掌握消费者的喜好及需求心理十分必要。数字图书馆企业可利用市场调查法、换位思考法等方法将消费者的不同需求大体分类，把整个市场细化，才可以有针对性地制定市场营销策略。

2.无形资产经营策略

数字图书馆企业要拥有一定的资产才能够正常运转。其资产的构成部分及相互关系是否合理，对数字图书馆企业的效益有直接的影响。数字图书馆作为高科技企业，其无形资产所占比重相当大，因此，要注重对数字图书馆无形资产的经营。那么，具体对于无形资产的经营可以采取以下几种策略：（1）配置经营，也就是对已经存在的和还没有的无形资产进行创造和应用，使无形资产得到优化最终获得最佳效益的方式。它包括无形资产以资本形式进入企业、以资本和负债形式进入企业、投资方创造、外部引进、特许经营等5种模式。（2）重组经营，即通过改制重组，分离无效、无关的无形资产，吸纳优质无形资产，使资本进行有效组合。同时，也可采用独资经营的策略，也就是由某个组织或个人单独投入资金、组织技术力量，经销人员进行无形资产的经营活动。

（四）竞争策略

企业与企业之间必定存在着竞争。而数字图书馆企业已经以一个经济实体参与市场经济的运行当中，自然不可避免地要与其他企业进行竞争，竞争策略的选择在很大程度上决定了数字图书馆企业的成败。所以在竞争策略上选择哪种策略就显得极其重要。竞争策略的选择有很多，如以市场定位获得竞争优势，其中包含：加强定位、空当定位、比较定位、首席定位和拔高定位。再比如采取差异化策略、低成本策略。前者主要是指对自身产品进行改进，使其与竞争者的产品存在一定的差异，从而吸引消费者，提高市场占有率；后者则是指通过提高收集信息资源的速度和水平、加工信息资源的质量和效率来扩大企业的规模，进而降低成本，用较低的成本打败竞争者。除此之外，数字图书馆企业还可通过提高服务质量、树立优质品牌等方法在激烈的市场竞争中为自己赢得一席之地。

第三节　复合图书馆的创新发展

英国的图书馆学家苏顿（S.Sutton）早在1996年就提出了“复合图书馆”（Hybrid Library）的概念，随后诸多图书馆界的学者也相继对它进行了定义和解释，综合他们对复合图书馆的表述，可以归结为：复合图书馆就是将传统图书馆与数字图书馆有机地结合起来、优势互补，为信息用户提供在电子资源和印刷资源并存的复合环境下的查询服务。然而，对于复合图书馆发展的方向，国内外专家却有两种完全不同的认识：一种观点认为，复合图书馆只是传统图书馆与数字图书馆之间的过渡，数字图书馆最终会取代传统图书馆。另一种观点则认为，复合图书馆是传统图书馆和数字图书馆的共存互补，是未来一种新模式，将长期存在下去。笔者认为，无论复合图书馆的发展方向如何，就现在来看，它仍旧作为现代图书馆的主体形态存在着，并将在一定时期内存在下去，不过是传统资源和数字资源所占比例的多少不同而已，因此，立足复合图书馆的现有条件和优势，根据用户的需求，不断调整自己的服务和资源，进行服务模式的拓展和创新，具有极为重要的现实意义。

一、复合图书馆服务模式创新的客观要求

（一）复合图书馆特点的要求

从国内外图书馆学家对复合图书馆概念的表述可以看出，他们都是从信息资源和服务的角度来概括图书馆的复合性，这些复合性的因素要求图书馆首先要把多种载体形式的信息资源和各类检索技术进行整合，使之成为一个统一的整体，然后通过统一的界面提供给用户，即一体化存取，这和信息共享空间的服务宗旨是一致的。其次是复合图书馆不仅要吸引更多的读者到物理的图书馆中来，利用馆内的资源和服务；还要将服务延伸到任何有用户的地方，通过无所不在的网络，为用户提供各种形式的远程服务，这个特点恰恰能够使个性化信息的推送服务成为可能。因此，复合图书馆要以用户需求为出发点，构建全新的信息共享空

间和个性化信息跟踪推送相结合的服务模式，为用户提供全方位的信息服务。

（二）信息技术快速发展的要求

随着网络技术的高速发展和信息资源数字化的不断拓展，信息资源发生了很大的变化，越来越多的网络资源和数据库资源不断地涌现出来，在整个信息资源中占的比重也越来越大，信息资源的改变导致了信息的获取、组织和传递方式的根本变化，用户的信息需求也在这种变化中悄然发生了改变，这种由信息技术的进步引起的一系列变化，致使传统的服务模式受到了巨大的冲击，因此，复合图书馆要想进一步发展，就必须构建新的服务模式，来适应信息技术的发展，以满足用户的信息需求，推动图书馆事业向前发展。

（三）用户需求的推动

随着时代的进步，计算机技术、网络技术以及信息技术的快速发展，读者的信息素质也得到了很大的提高，他们对信息资源的需求不仅是数量在增多，而且层次也在加深：①读者的信息需求已经从外在的文献需求转移到从信息中获取知识以及知识创新上来；②用户还希望图书馆配备一支专业的信息专家队伍，能为他们提供获取图书馆的各种资源的工具和技术保障；以便于他们顺利地获取所需信息；③受个人习惯、深度思考的需要以及信任度等各方面因素的影响，大多数的用户对信息和知识的摄取还是依赖于便于携带的纸质文献，用户希望在享受电子文献方便快捷的同时，还能够查阅一定量的纸质文献来满足自己的信息需求。因此，基于复合图书馆状态下的服务创新，整合各种载体的信息资源，构建信息共享空间和个性化信息推送相结合的服务模式，满足用户的信息需求是现今图书馆工作的重点。

二、复合图书馆的服务模式创新

信息技术的快速发展、用户信息需求的变化以及复合图书馆的信息资源、服务范围、服务对象、服务手段的复合性，推动了图书馆服务模式创新的进程，在新的形势下复合图书馆要想满足用户的信息需求要做到如下两点：（1）要构建信息共享空间，向用户提供一站式服务，使用户用最少的步骤就能获得其所需要的多种分散服务；（2）根据用户的需要，利用先进的信息跟踪推送技术，主动向用户推送他们所需要的个性化信息。

构建信息共享环境，提供一站式服务

1.整合信息资源，构建信息共享环境

信息共享空间是20世纪90年代后期在美国兴起的一种新的信息服务模式，这种服务模式充分考虑了用户对信息资源的获取、学习交流场所和信息咨询的需要及用户信息能力的培养，是图书馆以用户为中心服务理念的集中体现。信息共享空间不仅为用户提供了丰富的信息资源和方便快捷的学习环境，而且还拥有一支高素质的专业团队，为用户获取信息提供全方位的服务。因此，构建信息共享空间应从信息资源的整合、创建高质量的服务平台和配备高素质的服务人员这三个方面来考虑，其中信息资源的整合是构建信息共享空间的基础。复合图书馆的信息资源包括印刷资源、电子资源和网络资源，要构建信息共享空间，（1）要将各种信息资源形成数据，融为一体形成数据层；（2）借助软件对信息资源统一利用形成操作层；（3）将数据内容、软件系统及基础设施统一整合形成应用层，这种整合了的信息资源通过高质量的服务平台，由高素质的服务人员以各种形式提供给用户。

2.整合服务流程，提供一站式服务

信息共享空间整合传统服务流程，设立不同类型的工作站，为用户提供一站式服务。在复合图书馆的信息共享空间，用户可以利用计算机获取图书馆信息资源和网络资源，可以在隔音良好的空间内进行研究、讨论和学习，信息获取过程中所遇到的技术性问题由技术专家提供保障，在线的学科专家还将给他们提供专业上的帮助和指导[①]。其中，咨询服务区为用户使用图书馆提供帮助和指导，回答用户有关图书馆的设施、布局、资源建设情况和服务项目的问题，指导用户使用图书馆获取自己所需要的信息，并在实际操作过程中给予技术和专业上的帮助。资源集中区提供的是各种形式的信息资源，这种信息资源已经进行了有效整合，建成了方便快捷、结构合理的资源体系，用户既可以在这里外借、阅览，方便地使用图书、资料和工具书等纸质文献，也可以利用学科导航和知识导航自由地获取网上资源和数据库资源。服务区向用户提供的是打印、扫描、刻录等获取信息资源的辅助服务。另外，提供安静优雅的独立研究室也是信息共享空间的一大特

① 何宝亮.智慧图书馆的产生背景，发展趋势及建设策略研究［J］.科技风，2020（02）：229.

色，研究室里设备配备齐全，具备获取各种信息资源的设备和常用软件，用户可以依据这里的资源优势进行独立的学习研究，也可以进行小组共同讨论。信息共享空间是集各类信息资源和各类服务设施于一身的综合服务模式，向用户提供一站式服务和协作式学习环境，将传统图书馆服务流程进行了整合，是传统服务的深化和拓展。

3.针对用户需求，提供个性化信息跟踪推送服务

高校复合图书馆的服务对象一般是教师、学生和科研人员，信息需求的侧重点各不相同，图书馆要掌握用户知识结构与信息需求，然后将资源、技术、服务和用户信息进行整合，为用户“量体裁衣”，主动提供个性化信息跟踪推送服务。

个性化信息跟踪推送服务是由用户子系统、信息搜索子系统和信息推送子系统构成的数字化资源主动推送系统来完成的。其中，用户子系统中包括用户接口、自然语言处理模块、词典库、用户基本信息库和用户需求信息库五个模块，它确定的是个性化跟踪推送服务的时间、对象和用户信息需求等基本情况，可以以此建立用户信息库；信息搜索子系统是由信息检索模块、信息过滤模块和搜索结果信息库组成，它解决的问题是对用户所需要的信息进行搜索、过滤，创建一个数据模型来组织从图书馆各个资源库搜索到的信息，建立用户专用知识库；信息推送子系统是将用户需求的信息推送出去。具体操作过程是：从用户信息库中提取用户的基本信息，如姓名、学历、职称、研究领域、E-mail以及要求推送的时间等，然后将搜集整理在用户知识库的信息采用邮件或网页的形式推送给用户。在这个过程当中，除了系统的自动搜索推送信息以外，专业咨询人员可以根据用户需求进行分析，删除或者添加部分信息，参与用户知识库的构建；用户也可以根据信息接收情况和科研的需要，随时调整自己的信息需求，对科研人员来说，在开题阶段，系统可以为用户针对课题进行课题查新，对研究课题的新颖性进行判定；在研究的过程中，系统可以提供对该专题的学科专业领域内信息需求跟踪，将检索到的信息资源分析、整合、排序，形成创新知识融入课题研究当中；后期的成果鉴定以及被数据库收录的情况，也可以跟踪分析，为用户和学校的科研发展提供有力的支持。个性化信息跟踪推送服务突破了图书馆围墙的限制，利用无所不在的网络，将个性化服务延伸到任何有用户的地方，实现了本地服务和远程服务的密切结合，是复合图书馆信息服务不可缺少的一部分。

三、高素质的团队为图书馆服务创新提供人才支持

在复合图书馆环境下，由于信息资源和服务方式的多样性以及信息检索技术的不断提高，使读者在获取文献信息时对馆员的依赖也在增强，如何引导读者快速、准确地获取自己所需要的信息资源，实现创新服务模式的有效运转呢？组建一支结构合理的高素质服务团队是进行服务创新的重要条件。（1）图书馆的服务团队要有掌握图书馆学、情报学等专业理论，熟知图书馆各种资源和应用工具的参考咨询专家，他们可以依托现有资源为用户提供专业、全面、高效的信息咨询服务；有能够在业务工作中熟练应用先进的计算机技术、信息技术和网络技术的技术专家，他们负责解决用户在获取信息资源时遇到的技术难题；有在线的学科专家，通过服务平台为用户解答专业问题。（2）服务团队的每一位成员都要通晓信息共享空间和个性化信息跟踪推送服务的服务理念、服务手段和服务内容，使创新服务得以顺利进行。（3）团队成员要精诚合作，利用自身优势对用户进行全面的信息素养教育，培养他们的信息意识和信息能力，用户信息能力不断提高，也是服务创新得以实现的保障。

信息共享空间服务具有普遍性和适应性，旨在满足普通用户的各种信息需求，强调的是服务的全面快捷；个性化信息跟踪推送服务专指性很强，能够针对用户的知识结构和信息需求有的放矢地提供服务，它运作的起始点是用户需求，根据用户需求主动地去开发信息、传递信息，最后让信息找到需要它的用户，这种服务方式凸显出来的是服务的针对性和主动性。这两种服务方式的密切结合，可以使复合图书馆既满足了用户的普遍信息需求，又促进了个性化服务的不断发展，是复合图书馆服务模式的一大突破。

结束语

近年来，网络环境和信息环境的变化极大地改变了以图书馆为代表的文献服务机构，特别是改变了这些机构的收集和管理信息、组织和提供服务的方式和手段。随着远程通信成本的降低，软件工具变得日益精密和易于使用，数字图书馆的建设被提上日程并发展为一种世界性趋势。在新时代背景下，知识量的大幅度增加，用户的需求呈爆炸式增长，图书馆应该根据数字资源的特点，广泛征集，合理布局，建设一个有特色、能持续、系统性、可共享的丰富、开放的信息资源系统。现在，数字图书馆广泛受公共团体和商业机构的认同，数字图书馆的好处在于可以更迅速地找寻到我们所想要的书籍、文件、图片等资料。数字图书馆的好处还在于它能够轻易连接并浏览更多专业内容，能够更快速地找到我们想要的数据。数字图书馆有别于传统图书馆的地方在于它不受仓库空间的限制，数据的数字化大大缩减了书籍所占的空间，可以存储更多的数据。相对来看，维护一个传统图书馆的花费远高于维护一个数字图书馆，因为传统图书馆需要在人力以及书籍维护上产生开销，而数字图书馆则较少或不需要这笔花费。现如今，数字图书馆建设已经成为世界各国在科技与文化领域竞争的制高点，成为图书馆学研究最热门的课题。数字资源建设是数字图书馆建设的核心，是数字图书馆建设的"生命线"，也是当前各种类型图书馆面临的最大挑战。

这就是本书创作的着力点，立足于现实，解决问题，研究创新。笔者在撰写本书的过程中，查阅和参考了大量的图书馆学专业、信息专业和相关专业的文献和研究成果编著而成，力求体现实践性、实用性，希望能给读者提供一本既有理论价值探讨，又有实践路径指引的著作。

参考文献

［1］穆桂苹，王鸿博，崔佳音.图书馆管理与阅读服务研究［M］.沈阳：辽海出版社，2020：35-40.

［2］邵燕.数字图书馆推广理论与实务［M］.北京：国家图书馆出版社，2020：33-43.

［3］沈洋.图书馆科学管理与创新发展［M］.北京：中国青年出版社，2019：69-70.

［4］袁萍.图书馆管理策略与阅读服务创新研究［M］.沈阳：辽海出版社，2019：86-88.

［5］李国翠.图书馆资源建设与管理艺术［M］.长春：吉林美术出版社，2019：102-110.

［6］郭千钰.数字图书馆创新理论研究［M］.北京：九州出版社，2018：121-126.

［7］李钊.云南公共图书馆发展研究［M］.昆明：云南人民出版社，2018：66-68.

［8］李华伟.数字时代图书馆版权问题分解［M］.哈尔滨：哈尔滨工业大学出版社，2016：96-103.

［9］黄梦醒.数字图书馆服务链——服务模式体系架构关键技术［M］.北京：清华大学出版社，2013：131-134.

［10］王芬林.数字图书馆发展研究［M］.北京：国家图书馆出版社，2012：56-57.

［11］刘小琴.数字图书馆发展趋势研究报告［M］.上海：上海科学技术文献出版社，2016：23-35.

［12］刘燕权.数字知识宝库纵览——美国数字图书馆案例精析［M］.北京：海淀出版社，2014：25-27.

[13] 吕淑萍.图书馆数字资源版权管理实践与案例[M].北京：国家图书馆出版社，2013：89-91.

[14] 曾维涛，许才明.行政管理学[M].北京：清华大学出版社，2009：11-15.

[15] 贾利娟.数字信息环境下图书馆图书情报工作的创新发展分析[J].发明与创新（职业教育），2020（9）：174-176.

[16] 邸春姝，过仕明，王爱荣，等.数字图书馆服务平台功能需求分析[J].情报科学，2020（4）：99-102，148.

[17] 范曜晖.大数据背景下数字图书馆服务模式研究[J].兰台内外，2020（7）：72-73.

[18] 张达.公共图书馆数字阅读推广模式与创新研究[J].办公室业务，2020（5）：162-164.

[19] 梁少博，吴丹.数字图书馆信息服务的融合与创新——基于2019年JCDL年会论文的综述[J].图书情报知识，2020（3）：97-108.

[20] 吴建中.新现实·新业态·新作为——图书馆面临的挑战与机遇[J].数字图书馆论坛，2020（8）：2-6.

[21] 李妍.大数据时代的数字图书馆异构数据集成研究[J].科技创新导报，2020（5）：251-252.

[22] 杨德英.大数据时代高校数字图书馆建设研究[J].产业科技创新，2020（13）：37-38.

[23] 杨屹.数字图书馆中文本信息检索技术的研究与实现[J].科技创新导报，2020（2）：249-251.

[24] 胡满英.大数据与互联网背景下图书馆创新驱动发展新业态[J].中国中医药图书情报杂志，2020（6）：49-52.

[25] 夏娟.基于用户的数字图书馆服务创新体系建设[J].兰台内外，2020（11）：58-59.

[26] 张梦宇.公共数字文化工程在基层的融合发展现状及对策[J].图书馆研究与工作，2020（5）：18-21.

[27] 尹益民.美国普林斯顿大学图书馆数字人文建设现状及启示[J].图书馆，2020（3）：65-70，84.

［28］吴小凤.互联网+时代水利图书馆服务机制的创新研究——评《水利数字图书馆》［J］.水资源保护，2020（2）：2.
［29］王禹博."互联网+"背景下数字图书馆发展与创新研究［J］.卷宗，2019：137.
［30］林美琴.大学图书馆推进校园文化建设的创新模式刍议——基于数字图书馆的发展［J］.科技经济导刊，2019（35）：110-110，109.
［31］范曜晖.大数据背景下数字图书馆服务模式研究［J］.兰台内外，2020（7）：72-73.
［32］申莉.高校图书馆数字化转型发展策略［J］.发明与创新：职业教育，2020（5）：1.
［33］陈德云，李大莉，张超美，等.媒体融合背景下数字图书馆信息资源建设研究［J］.黑龙江工程学院学报，2019（3）：77-80.
［34］邸春姝，过仕明，王爱荣，等.数字图书馆服务平台功能需求分析［J］.情报科学，2020（4）：99-102，148.
［35］杨屹.数字图书馆中文本信息检索技术的研究与实现［J］.科技创新导报，2020（2）：249-251.
［36］李昕朔.公共图书馆数字资源应用性研究［J］.传媒论坛，2020（15）：112-113.
［37］刘坤显.试论数字图书馆管理和服务模式的继承与创新［J］.中文信息，2019（4）：53.
［38］李妍.大数据时代的数字图书馆异构数据集成研究［J］.科技创新导报，2020（5）：251-252.
［39］立伟冷.人工智能背景下图书馆知识服务创新研究［J］.智能城市应用，2020（7）：107.
［40］王蕊.大数据背景下数字图书馆建设与服务创新［J］.办公室业务，2019（11）：39.
［41］周玲，吴丁.信息时代下的数字图书馆管理模式的创新研究［J］.知识文库，2019（18）：28-29.
［42］闫莉.浅析数字图书馆的创新发展［J］.数字化用户，2017（37）：130.
［43］薛冬.基于众包模式的数字图书馆读者服务创新与发展［J］.图书馆学

刊，2017（7）：109–112.

［44］虞乐.基于网络用户群体协作的数字图书馆服务模式的创新与发展［J］.河南图书馆学刊，2018（2）：93–95.

［45］赵楠，冯爱华，吴俊锋.大数据趋势下数字图书馆的服务创新策略［J］.科学技术创新，2017（8）：150.

［46］王霄."天下农书"数字图书馆——"三农"图书的新模式［J］.农家科技：中旬刊，2018（9）：2.

［47］郭溪川，卢垚，袁雪，等.基于移动社交网络的图书馆信息服务思考与创新［J］.数字图书馆论坛，2017（1）：59–62.

［48］张雪."互联网+"思维下数字图书馆参考咨询服务模式的创新与发展［J］.图书馆学刊，2016（6）：70–72.

［49］魏大威，张炜.信息化环境下国家数字图书馆的创新与发展［J］.图书馆杂志，2016（12）：7–12.

［50］陈星.数字图书馆管理对传统图书馆管理的继承与创新［J］.产业与科技论坛，2016（24）：272–273.